# 教育と愛国

# 教育と愛国

誰が教室を窒息させるのか

斉加尚代
毎日放送映像取材班

岩波書店

# はじめに

「教育と愛国」を強烈に突き付けられた出来事は、16年前にさかのぼる。

忘れもしないあの日の取材は、雨がぱらつく初秋だった。大阪市淀川区にある私立塚本幼稚園。のちに国有地の取引疑惑で政府を揺るがすことになる森友学園が運営するその幼稚園から、十数メートル離れた路上に私たちはいた。そして子どもを迎えにくるお母さんたちに、同じ質問を繰り返していた。「先日の運動会で園児が軍歌を大合唱していたのはご存知ですか？」

戦時中の１９３７年に発表された「愛国行進曲」は、「見よ東海の空明けて　旭日高く輝けば　天地の正気潑溂と　希望は躍る大八《おおや》洲《しま》…」と軽快なテンポで始まる。続く「日の丸行進曲」は38年にレコードになり、愛国心を高める次のような歌詞だ。「母の背中にちさい手で　振ったあの日の日の丸の　遠いほのかな思い出が　胸に燃え立つ愛国の　血潮の中にまだ残る」

日中戦争で南京が陥落し、人びとが日本軍の勝利に湧く中、作られた歌である。「愛国行進曲」は、「軍艦マーチ」でよく知られた音楽家、瀬戸口藤吉が作曲している。

２００３年当時、塚本幼稚園の運動会で、園児たちがこの軍歌２曲を高らかに歌い上げたと記す１通の手紙が私たち毎日放送の職場に届いた。投書の主は、塚本幼稚園に３歳の孫を通わせているという60代の女性。話を聞きにいくと、「運動会に軍歌だけはやめていただけないでしょうかとお願いしたら、いやそれはできませんと。それがお気に召さないのなら退園なさってくださいと言われて。なんか収まりません」と顔を強張らせていた。園側は「軍歌も愛国心を養うもの。失われている日本の心だ」と説明したという。憤慨する女性の話を聞いた直後、他の保護者はどう受けとめているのだろうかと幼稚園の周辺で取材していた。

しばらくすると、ビニール傘をさした体格の良い男性が、幼稚園の正門からつかつかと私たちのほうへやってきた。あ、関係者だろうと察した直後、男性は「なんで勝手に話を聞くんや」と言うなり、カメラマンと私を目がけて手に持つ傘を振り下ろした。「警察呼ぶぞ、警察。その撮影テープをここで出せ！」、物凄い剣幕で喚《わめ》いていたと記憶する。傘で叩いてきたことに心底驚いた私はとっさに反論した。「冷静になってください。どうぞ警察を呼んでくださって結構です。でも正当な取材じゃないですか。ここは公道です」「お母さんたちにも了解を得てから話を聞いています」と付け加えた。言い争っているとパトカーがやってきた。警察官は双方から事情を聴き終わるとすぐにその場を立ち去った。

この激しい立ち回りをした男性こそ、森友学園の前理事長、籠池泰典《かごいけやすのり》氏である。現在は詐欺罪などで刑事訴追され被告人の身となっている。安倍晋三首相と妻の昭恵夫人を一時信奉し、昭恵夫人を名誉校長に迎えると喧伝して大阪府豊中市の国有地に新しい小学校を設置する認可も得ていた。だが、そこで人生を狂わせてしまう。園児たちに軍歌を教え、「教育勅語」を暗唱できるまで反復させる。そんな愛国心の発露から、私立小学校の開校を夢見ていた人物だ。

大阪に本社のあるJNN系列の放送局、毎日放送報道局の記者をしていた私が、「『愛国』とは何か」に向き合ったのは、これが初めてのことだった。籠池氏の人物像は強烈に頭に焼き付いている。交渉の末、その後、インタビューに協力いただいた。日の丸の大きな旗が掲げられた園長室。そのときの特集映像をあらためて見ると、感慨深いいっぽう、この16年という月日の流れと教育現場の様変わりに啞然とする。

籠池氏は当時、園児に軍歌を歌わせる理由をこう語った。

「力を与えてもらうための呼び水ですよ、呼び水」「子どもさんがたが世界で活躍できる人になってもらうためには、昔、一生懸命に日本のために力強く前に自分を打ち出されていた、戦われていった方がたが、あのときはこんな気持ちだったんだよ、ということを語り継いでいかないといけない」

一体いつの時代なのかと目を疑った、園児が軍歌を大合唱する場面。だが、私立幼稚園であれば特異な教育であっても、その教育を望む親がいるならば、異を唱えるのは難しいのかな、そう考えもした。いま思えば歴史的事実を踏まえない甘い考えだ。ニュース特集「幼稚園〝日の丸行進曲〟合唱をどう見る?」は、一方的な非難にならないよう工夫して構成し10分弱の企画に仕上げ、2003年9月30日に放送した。当時は深くこだわらず、ありのままに編集をした塚本幼稚園の保護者の声が、現時点では極めて気になる。運動会に参加した母親たちは「記憶にないです」、「知りません」、「別に抵抗とかはないですけど、戦争の時代を生きていないし」と関心なさげな様子だった。

歳月は瞬く間に流れ、潮目ごとに時代は変化していった。2006年に教育基本法が改正され、いわゆる「愛国心条項」が盛り込まれた。教育の現場は「教育改革」「教育再生」という波をかぶるごとに変質した。2017年7月30日深夜枠のドキュメンタリー番組『映像'17 教育と愛国〜教科書でいま何が起きているのか』を制作、世に放つことになったとき、まさかここでも籠池氏に遭遇するとは思わなかった。特定の教科書をターゲットにして「反日極左の教科書を採択するな」と攻撃するハガキの差出人に、籠池氏の直筆署名があったのだ(本書第3章)。『教育と愛国』という番組企画の芽は、あの日から始まっていたのかもしれない。

本書は、2017年度の優れた番組を顕彰する第55回ギャラクシー賞テレビ部門大賞を受賞した『映像'17 教育と愛国』を制作する過程において、さまざまな取材を重ね、ときに立ち止まり、考え悩みつつ、視聴者に対して教科書に関する発見や驚きを共有してもらいたいとの思いで1時間番組にまとめた、3カ月間の記録である。その番組内容をメインとするものであるが、この大阪の地で30年近く、教育現場を見つめてきた1人の取材者として、番組のテーマであった「教育と政治」についても書き残しておきたいと思う。公教育のあり様を大きく揺るがす流れは大阪から始まったとよく言われるからだ。

思えば2008年以降はタレント弁護士から政治家に躍り出た橋下徹氏が教育行政において政治の力を見せつけた。大阪の教育を語るうえで、府知事と市長を務め上げた橋下氏も避けて通ることができない。圧倒的人気を誇った橋下氏は「教育に民意が反映されていない」と繰り返し、政治家が教育改革を強引に推し進める流れを作った。橋下氏が立ち上げた地域政党「大阪維新の会」は、元自民党地方議員らの集まりで、国政へ進出するにあたり当時下野していた安倍晋三氏を代表に担ごうとしていた。維新と安倍氏には太いパイプがあり、こうした流れも汲んで、教育行政を政治のターゲットにしたと言える。

「アホちゃうか？ ババア！」、そう罵声を浴びたと嘆く知人の府立高校教諭がいる。「相手は高校生だから仕方ないじゃない」と慰めたところ、「違う！ 保護者からよ」と訴えたのには驚いた。ちょうど橋下氏が「クソ教育委員会」「公立の教員はもっと厳しい環境に置くべき」と非難を強めていたころだ。だが、経済的困難を抱える生徒のために放課後も土日も返上して支援を行う彼女たちのどこに瑕疵《かし》があるというのか。もっと厳しく、ではなく、もっと支援する仕組みが必要だったのではないか。

教育とはすぐに何か結果が出るものだけではない。大学への進学率や学力テストの結果は、教育のごくごく一部だ。教育現場を見つめてきての持論だが、教育とはすぐに役に立つものだけではなく、将来にわたって役に立ってゆくもの、気づかされるものではないか。それが本来もつ教育の役割、という思いが強くある。子どもがやがて大人となり、人生の苦境に立たされたとき、あるいは失敗して前を向けなくなったとき、その人が受けてきた教育の力が試されるのではないだろうか。教育とは誰のためにあるのか。今回のドキュメンタリーの中に通底する視聴者への問いかけである。

いまの社会を俯瞰して強く意識せざるを得ないのは、教育とメディアが政治的圧力や介入、さらには攻撃の対象にされる時代を迎えたということだ。なぜ標的にされるのか、その答えについても本書の中で触れていきたい。振り返れば、いくつかの偶然が重なり、教育の現場を見つめるはずの取材が、メディアの現状を痛感させられる機会ともなった。戦後の教育とメディアがこの社会でどのような役割を果たしてきたのか、さらには両者の共通点と変化を考えるようになっていく。後半の第5章でメディア論にも触れるのは、政治と教育、政治とメディアの断面に接し続ける中で得たものが、番組制作の背骨となっている気がするからだ。

大阪府教育委員会は２００８年以降、政治的圧力に晒されつづけてきた。橋下徹氏の知事時代をよく知る職員が、最近口にしたことがある。これまで大阪の教育行政の中で政治主導の改革に異を唱え、職を賭して抵抗した職員や教育委員を多く取材してきたが、そのとき周囲がどう振る舞ったかという話になったとき、彼が見せた複雑な表情が胸を突いた。独立行政機関の役割が揺らいでいるというのだ。

「4・4・2だったんですよ。政治的圧力に対する職員の反応は」

つまり政治的公平性、中立性の観点からおかしいと正面から唱える職員が2割しかいなかったという(2割は立派といえるかもしれないが)。4割は首長や議員の意向を忖度し、媚びる職員。残り4割は自分の持ち場に逃げ込んで関わらないようにする職員。大阪は土壌として反骨精神を持つ教員が多い地域のはずだ。この割合は、霞が関も同じだろうか。

教育とメディアの現場にいる者たちは今後、政治家の介入を排する高い砦を意識的に築かなければ、到来する時代の大波に耐えられなくなるだろう。だが、いっぽうで教育現場はこれまで素晴らしい実践を数多く積み重ねてきた。現場で奮闘する敬愛してやまない教員らがいて、その人柄や感性に触れて成長する児童、生徒たちが大勢いる。そんな現場で踏ん張っているすべての先生がたが主体的に自律的に子どもたちと関わり、生き生きとした学校現場を維持し続けることができるようにとの思いから、本書を執筆したい。時代の波が大きくうねる。1人ひとりは小さな存在である私たちの誰しもが、迫りくる大きな波を乗り切り、窒息することのないように。

本書が戦後74年を迎えた日本における教育の現状を考えるうえで、ささやかな一助になればと心から願っている。

# 目次

教育と愛国――誰が教室を窒息させるのか

はじめに

I　新たな／継続する「教科書問題」

1　戦後初の道徳教科書と検定制度 …… 3
パン屋さんが消えた／教科書検定の実際／「考え、議論する道徳」

2　歴史教科書をめぐる攻防――1990年代末〜2000年代 …… 22
2001年教科書検定／後退する記述／育鵬社教科書代表執筆者・伊藤隆氏は語る／「政治家がタッチしてはいけないのかと言えば…」／沖縄「集団自決」と教科書問題／集団自決の現場で／検定意見と記述の復活

3　新たな／継続する潮流 …… 57
「学び舎」教科書の採用を中止せよ／防府市長(当時)・松浦正人氏は語る／抗議ハガキ事件の波紋／教科書採択に揺れた町――東京都大田区／当時の教育委員長の教科書についての考え／政治家と教科書採択／番組への反響から／大阪市での「教科書に関するアンケート」

II　先鋭化する〈政治と教育〉――大阪でいま起こっていること

4　大阪の「教育基本条例案」とアメリカ流教育改革 …… 93

教育基本条例案の激震／アメリカの公教育の危機を伝える／番組への賛否／攻防激化、条例成立へ／教育委員としての信念

5　君が代「口元チェック」と「マネジメント」強化……115
君が代「口元チェック」の是非／府立高校校長のホンネ／橋下市長と激突、その影響／政治家の言葉の力／不起立の理由は？

6　変質した教育委員会と教師の締めつけ……132
民間出身の若き教育長の登場／首長との連携強化へ法改正／「ゼロ・トレランス」(不寛容)の先にある排除／ゼロ・トレランスと教員管理／個性溢れる先生たちが、逃げる／慰安婦授業と維新・自民勢力による〝教師狩り〟

7　前川喜平氏が語る政治と教育の攻防……155
防波堤になる教育委員会、ならない教育委員会／現状の教育行政制度をどう見るか

終章　大阪らしい教育から民主主義教育へ……167
民主主義って何？／受け手の側に立って

あとがき……177

教科書検定の手続き(21)／教科書の採択のしくみ(56)／教育委員会制度のしくみ(114)

＊文中の肩書きは取材当時のものです。
＊カバー、本文写真提供＝毎日放送

# I

# 新たな／継続する「教科書問題」

2018 年 4 月から使用が始まった道徳の教科書.

……直接こういうふうに直せとは言わないということです。……実際は「圧力」がかかっているんだけれども、直した責任は教科書会社にあるという、そういう制度なんですよ。

……「あ、標的にされるな」と思いましたね。

……愛国教育をやれとかそういうことを言っているわけじゃなくて、左翼史観に覆われているような歴史を教えるんじゃなくてですね。ありのままの日本を教えた方がいい。

……国立や私立だから対処できているが、公立の校長だったら耐えられない。

# 1　戦後初の道徳教科書と検定制度

## パン屋さんが消えた

２０１８年４月、小学校で導入された「特別の教科　道徳」。戦後73年ぶりに道徳が教科に格上げされ、戦後の教育において最大の転換点を刻んだ。２０１９年４月からは中学校でも教科書を使って道徳の授業が始まっている。

道徳とは、言うまでもないが、人びとが善悪などを判断し、自らを律する行動を保つための規範にあたる。が、それは１人ひとりの良心や内面にも深く関わることになるため、学校現場で一律に教えることの問題点も指摘されてきた。評価をともなう教科にすることは戦後一貫して避けられてきたのだ。

道徳が正式な教科になるちょうど１年前の２０１７年春、新聞各紙は例年より熱心に、教科書検定意見とその後の修正結果を報じていた。それは小学校の道徳教科書の検定をめぐり、えっ？　と驚くような事態が起きていたからだ。中でも目を引いたのは、４月４日付でインターネット配信された毎日新聞の記事だ。そのタイトルは「道徳教科書検定：『パン屋』怒り収まらず」と書かれていた。

戦後初めて作られる道徳教科書にどのような検定意見がつけられ、教科書出版社がどう修正に応じたのか、文部科学省は3月24日に修正前の原本と修正後の合格本の内容を報道発表した。その検定の中で、「国や郷土を愛する態度に照らして」「不適切」との意見をクリアするために、東京書籍の小学1年生向け道徳教科書から「パン屋さん」の場面が消え、「和菓子屋さん」に書き換えられていたことがわかった。毎日新聞だけでなく他紙やインターネット上もこの話題で持ちきりとなる。「パン屋は非国民か」、「愛国心が足りないと言うのか」、「パンを洋(もの)と言うなら、あんパンはどうなんだ」、「フェイクニュースかと思った」など大きな論争が巻き起こっていた。

検定意見がつけられたのは「にちようびのさんぽみち」というタイトルの物語だった。日曜日に男の子がおじいちゃんと一緒に買い物に出かけてさまざまなお店に立ち寄り、地域に愛着を感じてゆくというストーリー。教科に格上げされる前の「道徳の時間」で使われていた副読本に2000年から掲載されていた物語だ。そのため、検定時には文章もイラストも、副読本とまったく同じものが転載されていた。

ところがこれに、「国と郷土を愛する態度」という徳目を学ぶにあたり「不適切」、という検定意見がついた。つまり「不適切」とされたがために和菓子屋さんに修正されてしまったものだから、パン屋さんの業界が怒りの声をあげた。修正前は次のような文章でパン屋さんが登場した(写真)。

「よいにおいがしてくるパンやさん。『あっ、けんたさん。』『あれ、たけおさん。』パンやさんは、おなじ一ねんせいのおともだちのいえでした。おいしそうなパンをかって、おみやげです」

子ども同士が出会って楽しそうに会話するパン屋さんの場面。それが和菓子屋さんになって、次のように変更された。

パン屋さんが登場していた教科書.

「あまいにおいのするおかしやさん。『うわあ、いろんないろやかたちのおかしがあるね。きれいだな。』『これは、にほんのおかしで、わがしというんだよ。あさになると、かきやくりのわがしをつくっているよ。』おみせのおにいさんがおしえてくれました。おいしそうなくりのおまんじゅうをかって、だいまんぞく」

　和菓子屋さんには今回取材をしなかったが、私がいつも贔屓にしている和菓子屋さんは、たいして甘いにおいはしないけどな、とツッコミを入れたくなる見直しだ。

　この事例だけでも、文科省の教科書検定制度に対し、不信の目を向けるのに十分だと思うが、実はもう一つあっけにとられる書き換えを耳にしていた。それはたまたま出会った絵本作家の女性がこぼした愚痴だ。彼女はある教科書出版社から、小学校の道徳教科書のイラストを依頼され、いくつもの挿絵を描いたそうだが、その過程で編集者から細かい注文をつけられた。「ザリガニ釣りをしている子どもたちを挿絵に描いたらダメだと言われたんです」と。「えっ、なぜ?」理由に見当がつかず聞き返すと、「ザリガニじゃなくて、川海老にして欲しい。ザリガニは外来種だから」と大真面目に言われたとか。

高知の清流、四万十川ならばいざ知らず、川海老が生息している身近な川はもはや少ないのではないだろうか。小さな子どももいる彼女は川海老を見たことがなく、慌てて図鑑を開いたそうだ。私もザリガニ釣りなら経験があるが、川海老釣りはしたことがない。

検定によってパンが和菓子に、検定前のことだが、ザリガニが川海老に。とてつもなく滑稽に思えたが、修正する編集者らは必死なのだろう。そう考えると一連の行為に背筋が寒くなった。こんなことが教科書作りの現場では頻繁に起きているのだろうか。

戦時中、国民学校で使われた国定教科書では、多くの事柄が書き換えられていた。たとえばドレミが「ハニホ」に。外来の音階は使えないとされた。在阪放送局OBの男性に教科書問題を語る学習会で出会ったとき、彼は次のように述べて、歌を歌った。「私は国民学校ができた年の1年生でした。当時の歌を披露します。ホトトト　イトトト　イハハニ……」。何の歌なのか、さっぱりわからない。「これは、皆さんが知る『おうま』の親子です。けれど戦時中、ドレミを使ってはいけないとハニホヘトに変えて歌いました。1年生で覚えたので頭に焼きついています」。「ハニホ」版「おうま」を突如歌いたくなったのは、いまの教科書で起きていることを知り、教育に自由のない時代を鮮やかに思い出したからだという。

もちろん現在は日本国憲法があり、学問や言論の自由が保障され、戦前のような自由のない時代ではないはずだ。だが、教科書の現場で起きていることは、どこか抑圧されていた時代と似ている。その源はいったい何なのだろうかと疑問が大きくなっていく。教科書はどのような仕組みで検定が行われ、どのようなプロセスを経て、子どもたちの手に届くのだろうか。素朴な疑問は「教科書問題をもっと知りたい」という好奇心への高まりとなり、こうして『映像'17 教育と愛国〜教科書の攻防』(仮タイトル)という番組企画書を書くことになる。

作成したその「企画意図」はこう始まる。「2006年、第一次安倍政権で戦後初めて見直された教育基本法。その改正教育基本法には『我が国と郷土を愛する』条項が盛り込まれた。当時、教育現場は『愛国心』を盛り込むと国粋主義につながるおそれがあり、他国より自国を優先する意味合いが強くなる、内心の自由が侵される、などを理由に反対の声をあげた。あれから10年余りの月日が流れ、第三次安倍政権が続く。いま日本の教育は、どんな地平に向かおうとしているのか」(2017年5月7日作成)。

## 教科書検定の実際

まずは教科書会社の編集者や関係者らに片っ端から話を聞くことから取材を始めた。新聞記事とは違い、映像で表現するドキュメンタリーは、撮影インタビューをものにしなければ成立しない。だが、初期の段階ではカメラマンによる撮影は行わず、社名は絶対にオープンにしないからと編集者に頼み込んで、ディレクターである私がひたすら話を聞いて回った。すると、文科省の教科書調査官と教科書編集者らが真剣勝負で向き合う、まさに「教科書の攻防」といえる興味深いエピソードを次々と耳にすることになった。

その具体的な攻防に触れる前に、教科書検定制度の概要について説明しておきたい（21頁の図も参照）。学校教育法の規定によって、小、中、高等学校とそれに準ずる学校は、文部科学省の検定を経た教科用図書を使わなければならないと定められている。教科書はいずれも民間の教科書会社が学者や教員らに執筆を依頼し出版しているが、出版に先立ち、この検定に合格しなければならないのだ。その内容は、文科省がおよそ10年ごとに改訂する学習指導要領に依拠する。憲法が禁じている「検閲」にも似た性格を帯びてはいるが、一定の基準を設けて審査し、子どもたちの利益に叶うような質を確保、認定する制度と位置づけられてきた。

教科書会社にとって、検定制度はいわば出版と採択というゴールを目指すうえでの重要な関所のようなものだ。新しい教科書を完成させて教室で使われるようになるには最低でも丸3年の歳月がかかり、そのためには数千万円の先行投資が必要だという。仮に教科書検定に合格しなければ、世界最高水準の知見をふんだんに盛り込んだ優れた教科書であっても出版は実現しない。社運を左右する巨額投資が泡と消えてしまう。何としてでも検定に合格しなければ、教科書会社の経営は維持できない仕組みになっている。考えてみればとてもシンプルなことだが、何人もの編集者に話を聞く中で改めて気づかされた。

今回、戦後初めてとなる小学校の道徳教科書に参入したのは8社（66冊）、検定意見はトータルで244件つけられた。学習指導要領では、道徳で学ぶべき「徳目」が学年ごとに細かく規定されている。たとえば「善悪の判断」「節度、節制」「親切、思いやり」「礼儀」「規則の尊重」「生命の尊さ」などで、その徳目の総数は22に及ぶ。

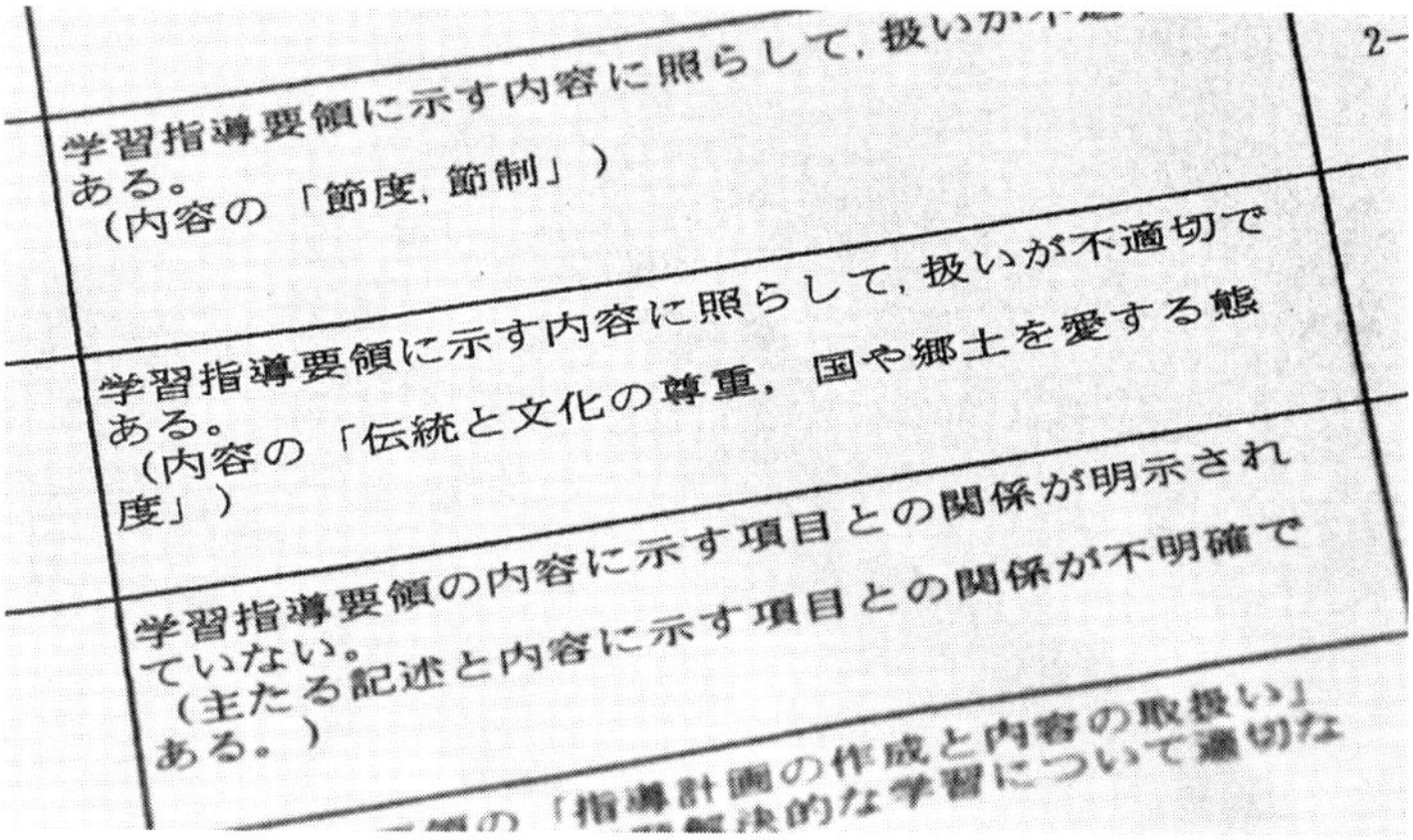

| | |
|---|---|
| 学習指導要領に示す内容に照らして，扱いが不<br>ある。<br>（内容の「節度，節制」） | 2– |
| 学習指導要領に示す内容に照らして，扱いが不適切で<br>ある。<br>（内容の「伝統と文化の尊重，国や郷土を愛する態<br>度」） | |
| 学習指導要領の内容に示す項目との関係が明示され<br>ていない。<br>（主たる記述と内容に示す項目との関係が不明確で<br>ある。） | |
| 領の「指導計画の作成と内容の取扱い」<br>問題解決的な学習について適切な | |

道徳の検定意見書.

パン屋さんの業界を揺るがした徳目は、「伝統と文化の尊重、国や郷土を愛する態度」。この徳目に照らして扱いが「不適切」とされたのだった。ただし、問題とされた物語「にちようびのさんぽみち」のどこのどの部分の文章やイラストが不適切なのかは、検定意見書には一切書かれていない(写真)。その検定意見をどう解釈し、どう修正を図るかは、いわば教科書会社に委ねられているのだ。文科省の側は指導や助言はするが、「正解」は担当する編集者で見つけなければならない、そんな仕組みだという。ベールに包まれていた教科書作りのプロセスが少しずつ見えてくるようだった。

中でも驚いたのが、教科書会社の編集者や執筆者らが文科省に出向いて、検定意見書を受け取り、その意見の内容について教科書調査官に質問をする時間を持つ場面についてだった。その様子を語る編集者がいずれも口にしたのは、制約された時間内に質問を収める厳しさと、最大級とも言える緊張感だ。会議室で待つ教科書会社の編集者に対し、教科書調査官はまず意見書を持って現れるが、検定意見書を手渡すとすぐにその場を立ち去る。意見書を手にした編集者らはその内容を確認し、どのような質問を投げかけるかを相談して決める。質問のやりとりに費やされる時間は約2時間、各社不公平がないよう一様にそう決まっているらしい。その時間内ですべての検定意見を的確に把握することはそもそも難しく、取捨選択を強いられる編集者らには極度の緊張が走る。お互い腹の探り合いをどのようになすべきか、そんな「駆け引き」だと私には感じられた。質問準備を整えてデスクの電話を使って連絡を入れると、教科書調査官が再び現れ、テーブルを挟んで質問と回答が繰り返される。まさに攻防戦だ。番組の中では、教科書調査官と編集者らの典型的なやりとりをコンピュータグラフィックスで再現してみせた(写真)。会議室を俯瞰するその場面のナレーションは次の通りだ。

「取材によると、検定のやりとりはこうです。検定意見書は、文科省の調査官から編集者に手渡され、調査官はいったん部屋を離れます。
編集者が質問事項をとりまとめて連絡すると、調査官が戻ってきます。
どこをどう修正したらよいのか、項目ごとに聞きますが、はじまりから終了まで2時間ほどしかなく、検定意見すべての真意を摑むことは難しいといいます」

「パン屋さん」が「和菓子屋さん」に修正された道徳教科書と検定制度のありようは、番組の冒頭で展開することにした。1人の編集者が撮影インタビューに応じ、検定制度の本質についてわかりやすく語ってくれた。出版労連教科書対策部事務局長の吉田典裕さんだ。

検定時のやりとりを再現.

「いまの言葉でいうと『忖度』の世界になっているわけです。いわば検定でサジェスチョンを受けて、どう直すかっていうのは筆者と編集者がやりとりをして、修正表を作って調査官とすり合わせをするんです。ここはストライクゾーンなのか、ボールなのかっていう、そういうやりとりをしながら、じゃあこれどうかなって決まっていくんですね。直接こういうふうに直せとは言わないということです。ここは違うからなんとかしろと主旨はこういうことです、そこまでは言います。だけど、こういう記述にしなさいと、そこはさすがに言わない。実際は『圧力』がかかっているんだけれども、直した責任は教科書会社にあるという、そういう制度なんですよ」

他の編集者たちから聞いていた内容とも一致する明瞭な話しぶりだった。「忖度」というキーワードは、2017年の新語・流行語大賞に選ばれた言葉である。

官僚やメディアが「安倍首相に忖度している」と批判が起こり、「安倍一強」と呼ばれる安倍政権と周辺を揶揄する文脈でたびたび使われていた。教科書編集者が文科省の意向を「察する」、「忖度する」。教科書検定がまさにそうなってしまっているという。

付け加えるならば、検定意見は公平を期すため第三者機関の「教科用図書検定調査審議会」が決めているとなっているが、文科省の調査官が書く「意見」がほぼ「検定意見」となっているために、審議会は形式だけのものだと指摘する人もいる。いずれにしても文科省の強いコントロール下に教科書が作られている現実がくっきりと浮かび上がってきた。

影響力といえば、道徳教科書の作成に携わったベテラン編集者の解説も印象に残っている。教科書編集一筋の彼は今回の道徳の検定について、「他教科より細かく意見をつけている。文科省の道徳にかける姿勢を感じる」と語った。さらに教科書作りにおける文科省からの助言についてはこう述べた。「スキルの足りない教員であっても道徳の授業が組み立てられるよう、発問から授業のまとめに至るまで丁寧に組み立て、教科書と併用する指導書にも具体的な指導内容を網羅することが求められていると感じた」と。

つまり、子どもたちに学習指導要領に沿った徳目を教えるうえで、どんな教員であっても画一的な「スタンダード」授業が成立するように工夫されているというのだ。懇切丁寧な教本と言えるかもしれない。が、上からの指示に従うロボットのごとく先生が道徳を教える仕組みに移行していくかもしれないと考えると空恐ろしい。この編集者は「経験豊富な教員ならば指導書を読まなくても授業ができるだろうし、自由な発想でそれぞれの地域に即して、目の前の子どもたちに沿うように教科書を使ってほしい」と学校現場への希望も語った。文科省の真意はどこにあるのか、非常に気になるところだ。

## 「考え、議論する道徳」

こうして徐々に教科書検定制度の輪郭を摑んでいく中、2017年6月1日、一般の人びとを対象に「教科書検定結果」が公開された。誰でも閲覧できる教科書展示会が文科省の会場を皮切りに、全国各地でスタートした。白い表紙の教科書の原本と検定後の完成版のそれぞれを比較、検討できるよう展示されている。会場には教科書問題に関心の高い大学教員や現役の教諭らが集まって、真新しい教科書のページをめくっていた。会場の様子を撮影し、道徳教科書への印象を聞いてみた。

**元教員**　「子どもたちを飽きさせない工夫とか。パッと見たときに印象深いような、そういう本づくりをしているなという感じがしました」

**大学教員**　「小学生には厳しいんじゃないですかね。いわゆる『あれしなさい』、『これしなさい』とか。『いい子でいなきゃいけない』とか」

**元教員**　「心配なのは、評価をされる教科になったので、どうやって評価するんだろうと。授業後子どもに書かせるようになっている教科書もあったけれど、自由に表現できるかな。自然な気持ちの流れを上からかぶせてしまうのではないでしょうか」

1冊ずつ丹念に郷土の偉人が登場しているかどうかを調べるグループもいて、お目当ての教科書を奪い合うような少しぴりぴりした雰囲気だった。私たちはパン屋さんから和菓子屋さんに修正された問題の教科書のページも撮影した。

文科省の庁内での撮影後しばらくして、私のスマートフォンに1本の電話が入った。教科書検定を担当する文科省職員からだ。「ご説明させていただきたいのですが、パン屋を和菓子屋に変えてほしいということで、検定意見がついているわけではない」と職員は切り出した。「満たすべき要素が満たされていないというのが検定意見で、どういうふうに直すかは教科書発行者の判断です。当然ながら別にパン屋をなくさないで、そういう要素を満たすようにするのはありえたわけなんですけど、まあ教科書発行者のほうで、その……そういった直しをしてきたということなんです」。イラストだけでなく設問にも直しが入ったため検定を通過したのだと、くどいほど強調した。こうして説明を続ける職員の電話に耳を傾けながら、なるほど「教科書会社の責任」なのだと再確認したのだった。

過剰な「忖度」で消されてしまったと言えるパン屋さん。全国の町のパン屋さんが加盟する業界団体「全日本パン協同組合連合会」の会長を務める西川隆雄氏は、兵庫県加古川市に「ニシカワ食品」の店舗と工場を構えている。インタビューに出向くと「文科省に裏切られた思いです」という言葉が返ってきた。戦後、全国の町のパン屋さんは学校給食にパンを提供し続け、文科省と厚い信頼関係を築いてきたという自負があったのに、と残念そうに語った。

「素直になぜ？と思いましたね。パン屋がダメで和菓子屋さん(に)。パンというのは洋(もの)と取られているかもわからないいんですが。失礼ですけど、安易にあんなふうに変えられて、最終的にあれでいいわということになると、パン屋は愛国心がないとか、そういうふうな項目のダメなほうに当てはまっちゃったのかなと」、「ずっと頑張ってきた給食というのがすごくある。僕たちがずっとやってきたことが認められないというくやしさをみんな持っている。パンではやっぱりダメなのか」「道徳教科書なのに、これは道徳的扱いとは思えない」とも口にした。

子どもたちがその地域の人びとを通し、故郷を好きになれば、国にも愛着が湧くかもしれない。だが、大上段に「伝統」や「愛国心」を唱えたとたん、その言葉はどのように響くのだろうか。

もとはと言えば道徳の教科復活は、子ども同士の「いじめ」に学校や教育委員会が十分対応しきれていないとして、「いじめ」防止を目的に国が動きだしたものだった。文科省は「考え、議論する道徳」という新たな指針を掲げ、子どもたちの心を揺さぶる道徳授業を目指したとされる。その大きな方向性については、学校現場の管理職や教員からも支持する声を聞いた。だが、22の徳目が列挙されたその中身をじっくり眺めてみると、「考え、議論する」という趣旨からズレているのではと感じられる傾向がある。

4つの視点に分類されている徳目は、「主として」という枕言葉に続いて、「自分自身に関すること」、「人との関わりに関すること」、「集団や社会との関わりに関すること」、「生命や自然、崇高なものとの関わりに関すること」の項目ごとに括られている。この中でいちばん徳目の数が多く、重視されているのが「集団や社会との関わりに関すること」だ。いじめ防止が道徳教科において最優先課題であるのならば、フォーカスするところが違うのではないかと思う。

「集団」「社会」との関わりで道徳教育に力を入れようとしている文科省の姿勢に危うさを感じるべ

テラン教員は多い。「空気を読め」という言葉を例に挙げるまでもなく、日本社会は以前から「同調圧力」が極めて強い。教室で子ども1人ひとりと向き合い、個性をもっと尊重したくとも、協調性や集団行動が優先されてしまうと多くの教員が口にする。こうした中で、帰属する集団を「国家」と想定した場合、そのときどきの政府にとって都合のよい構成員を形成しうる目的に道徳の授業が使われかねない。戦後一貫して道徳の教科化が避けられてきた理由もここにある。道徳教育で「スタンダード」授業が成り立つように教科書が作成されていることは前述した通りだ。だからこそ、政治家が道徳の教科書にこだわり、道徳教育に口を出そうとする。

いまの教科書がすべて危ないと言っているわけではない。子どもの心を揺さぶる、優れた教材もある。しかし今後、国が指し示す徳目ごとに教員が子どもたちに対し評価してゆくことは、国家と個人の関係性に新たな変化をもたらすと危惧する声が上がる。道徳で教員が点数をつけることはない。そうであっても一歩間違えれば、大人が考える徳目を突き付けられ、自己評価を強いられる子どもたちのこころは、窮屈に縮まってしまうかもしれない。

さらに「考え、議論する道徳」という考え方とは対極といえる、こんな内容が小学2年のある道徳教科書に含まれている。「礼儀」という項目でお辞儀の仕方を教えるにあたり、「れいぎ正しいあいさつは、どのあいさつでしょうか」と問いがあり、3つのイラストが続く。

1　「おはようございます。」といいながら　おじぎを　する。

2　「おはようございます。」といった　あとで　おじぎを　する。

3　おじぎの　あと「おはようございます。」という。

大人でも正解がすぐにわかる人は少ないだろう。この正解は2の「『おはようございます。』といったあとでおじぎをする」である。このページを初めて見たとき、思わず「小2の子どもにマナー講座を受けさせて、どないすんねん」と苦笑した。やんちゃ盛りの小学2年生は、元気よく挨拶できればそれで十分ではないだろうか。もし自分の子どもが学校でこうしたマナーを教わってきて「母さんのする挨拶は間違ってる！　正解はこうだよ」とお手本を見せられたらどうしよう。この教科書の「あいさつ」のページを番組のトップカットに「つかみ」として据えることに決めた。番組冒頭の流れが定まらず、苦しんでいる中で考えついた案だ。このような礼儀作法を教える意味はいったい何？と視聴者は首をかしげたことだろう。

子どもたちの行動を一つの型にはめるような指導について、戦前の「修身」に似ているのではないかと指摘する声も上がった。言われてみれば確かにそのとおりだ。番組の取材半ばで、東京都江東区にある教科書研究センターに立ち寄り、「修身」の国定教科書「ヨイコドモ」(小学生用)を手に取ってみた。低学年から礼儀作法が重視され、一つの理想型に子どもをはめ込もうとしている。いまふうに言い換えれば「ニッポンファースト」、「ニッポンに役立つヨイコドモになりましょう」という価値観が戦前の教科書には貫かれている。

「ヨイコドモ」のページを繰ってゆくと、「私タチハ、日本ノ　子ドモ　デス。小サイケレドモ、ミンナ　日本ノ　コクミン　デス。先生ノ　オシヘヲ　ヨク　マモリ　マス」「コレカラモ、先生ノ

教ヘヲ　守ッテ、イッソウ　ヨイ　子ドモニ　オナリナサイ。」といった標語が続く。色鮮やかなページのうえには「天皇陛下ノ　オヲサメニ　ナル　ワガ　日本ハ、世界中デ　一番リッパナ　國デス」と書いてあり、日本列島と周辺の植民地が、世界の真ん中で燦然と輝く大きな地図が目に飛び込んできた。「忠君愛国」に流れた戦前の反省は、いまなお生きているだろうか。

ちなみに文科省教育課程課合田哲雄課長(取材時)は、愛国心に関する徳目について次のように必要性を述べた。

「自分の生まれ育った郷土や国について関心を持って、それをより良くしていこうというふうに、国家社会の形成者として思うということは大事なことですから、そのための指導は必要だと思う」

いっぽう、戦前のように道徳を子どもたちに「刷り込む」のではなく、評定対象にすることは一切ないと強調した。

「今回特別の教科とすることで、読み物の心情理解に偏った道徳教育から、正解が一つではない道徳になる。いじめの問題が典型ですけれど、いじめはいけないとわかっていながら、いじめが起こる。ここに葛藤がある。今までの道徳の授業ですと、一つひとつが予定調和的に両立するようなことを前提に教えていましたけれど、たとえば、寛大な心で友と向き合おうという道徳的な価値と、規則を自分本位に破るということは絶対に許さないという道徳的な価値、これは衝突するわけです。これら価値が衝突したときに、他人事ではなく、あなた自身の問題としてどう考えるのかと掘り下げて議論する、考える道徳、議論する道徳への転換が必要です。道徳教育の質的な転換を前へ進めていこうというものです」

「個別の道徳的な価値に対する個人の心情ですとか、道徳性というもの自体を評価するのではなくて、その子どもが道徳的価値について自分事として取り組めたかどうか、多角的多面的に考えることができたかどうか、つまり自分の考えを広げることができたかどうか、これを先生が道徳の時間で、さまざまな子どもたちの様子を見ながら記述で書いていく。123やABCといったような評定ではまったくありませんし、他の子どもと比べるものではありません。その子どもの中で、その道徳的価値とどう向き合ったかを先生が丁寧にみとって表現するものですから、評定の形でもありませんし、入試などで使われることは適切でないし、使ってはいけないと明確に指導しています」

そうは言っても、戸惑いを覚える教員は少なくない。手探りの〝評価〟が始まっている。

戦後の道徳教育の変遷を考えるうえで、1951(昭和26)年に示された学習指導要領試案の教育課程の中に、示唆に満ちた記述が残されている。そこにはこう書かれていた。

「教育課程は、その地域の社会の生活の特性により、その地域における児童や生徒の特性によって、それぞれ異なるといえるものである。教育がその地域の社会に適切なものとなるには、どうしてもそうならなくてはならないはずである。だから、教育課程は、それぞれの学校で、その地域の社会生活に即して教育の目標を考え、その地域の児童や生徒の生活を考えて、これを定めるべきであるといえる」

さらに道徳教育について、具体的な記述が続く。

「民主社会における望ましい道徳的態度の育成は、これまでのように、徳目の観念的理解にとどまったり、徳目の盲目的実行に走ることを排して、学校教育のあらゆる機会をとらえ、周到の計画のもとに、児童・生徒の道徳的発達を助け、判断力と実践力に富んだ自主的、自律的人間の形成を目ざすことによって、はじめて期待されるであろう」

「自主的、自律的人間の形成」という言葉に釘付けになった。戦後の復興まもないころ、どのような日本人像が求められているか議論を重ねていた文部省が作成したこの学習指針は現在にも通じるものであり、色あせていない。だが、これら過去に掲げられた理念と教科になった現在の道徳を照らし合わせてみると、どうしても疑問が尽きない。

教科書会社の編集者らへの取材を通し、国の意向を忖度する現行の教科書検定制度の問題点が浮き彫りになった。外務省のホームページには海外向けに「日本の教科書検定制度」について次のような解説文がアップされている。

「教科書は、日本の学校での教育の基準である学習指導要領に沿ったものでなければなりませんが、それ以外については、出版社は自社の教え方や考え方を内容に盛り込むことができます」(日本語版)

英語版を読むと、"the publishers have freedom to include their own learning methods and ideas in the material"と表記されている。Freedom はもちろん自由との意味だが、真の意味でこの自由は保たれているのだろうか。この疑問は、道徳教科書に関する出来事から歴史教科書をめぐる攻防へと取材を進めるにつれて、ますます深まっていった。

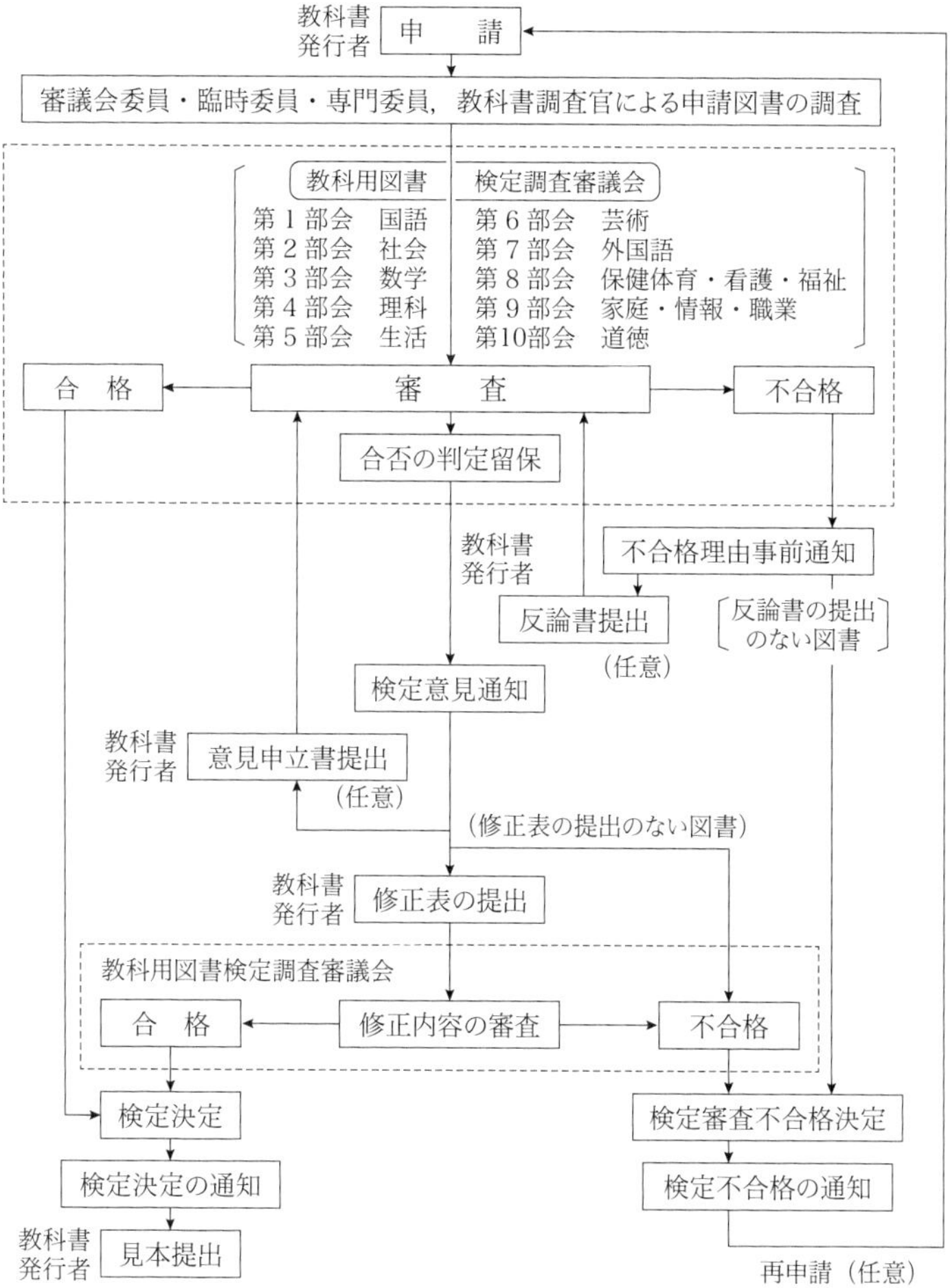


出典：文科省 HP

教科書検定の手続き

## 2　歴史教科書をめぐる攻防——1990年代末～2000年代

教科書作りに人生を捧げ、その教科書の記述によって辛苦を舐めた元編集者がいる。老舗の教科書会社、日本書籍で役員を務めた池田剛さん。日本書籍は戦前の国定教科書の出版元で、教育関係者の多くが知る名門だった。戦後は中学の歴史教科書で絶大なシェアを誇っていたが、2004年、倒産に追い込まれる。池田さんは60歳で会社の破綻を経験、再建に奔走するも、心筋梗塞で倒れて入院した。その後リハビリをしてなんとか回復するが、体調はやはり思わしくないという。けれど、教科書問題に注ぐ情熱は失われていなかった。

73歳(取材時)になるいまも、教科書に関する学習会をときどき地元で開いている。新しい教科書が発行されれば、その内容を確かめるために区役所にも足を運ぶ。大阪から連絡を入れると取材を快諾してくれた。私たちが池田さんと出会ったのは、爽やかな五月晴れの日だった。

### 2001年教科書検定

日本書籍が倒産に至るまでの背景を知るうえで、「新しい歴史教科書をつくる会」の発足と一連の教科書をめぐる攻防を振り返っておきたい。教育学者の藤岡信勝東京大学教授(当時)の呼びかけで

1997年1月に誕生した「新しい歴史教科書をつくる会」(「つくる会」)。発足にあたっての声明(1996年12月2日付)を、池田さんは分厚いファイルにきちんと保管していた。

呼びかけ人として、9人が名を連ねる。小林よしのり氏(漫画家)、高橋史朗氏(明星大学教授)、西尾幹二氏(電気通信大学教授)らよく知られるメンバーに加え、阿川佐和子氏(エッセイスト)、林真理子氏(作家)、深田祐介氏(作家・故人)、山本夏彦氏(エッセイスト・故人)らの名もあった。さらに賛同者は、78名(第一次集約分)に及ぶ。そこに大阪の放送業界で活躍した直木賞作家の藤本義一氏(故人)の名前も見つけ、「つくる会」立ち上げ当初の運動の広がりを思い知らされる。その声明には、こう書かれている。

「この度検定を通過した中学7社の教科書の近現代史の記述は、日清・日露戦争をまで単なるアジア侵略戦争として位置づけている。それればかりか、明治国家そのものを悪とし、日本の近現代史全体を、犯罪の歴史として断罪して筆を進めている。例えば、証拠不十分のまま『従軍慰安婦』強制連行説をいっせいに採用したことも、こうした安易な自己悪逆史観のたどりついた一つの帰結であろう」、「どの民族もが例外なく持っている自国の正史を回復すべく努力する必要を各界につよく訴えたい」

会の目標は、新しい歴史教科書を提供することとしたうえで、既存の教科書を「自虐史観に基づいた反日」、「従軍慰安婦の記述を教科書から削除すべき」と厳しく非難したのだ。

さらに遡ること1993年8月当時、政府は「いわゆる従軍慰安婦問題について」という文書を公表、河野洋平内閣官房長官が現在にいたる日韓の慰安婦問題をめぐる大きな火種となる「河野談話」を発表した。その談話は「慰安所は、当時の軍の要請により設営されたものであり、(中略)慰安所における生活は、強制的な状況の下での痛ましいものであった」などと記し、「お詫びと反省」を表明していた。おりしも慰安婦であった韓国人女性が次々と実名を公表、日本政府を相手に損害賠償を求める裁判が相次いだ。これらをきっかけに、慰安婦問題が一斉に中学の歴史教科書に叙述されたのだった。

「つくる会」の発足とその運動はこうした一連の動きに対抗し、慰安婦に関する日本軍の関与や強制を否定、日本軍と兵士たちの名誉を取り戻そうとする狙いがあったと言える。この運動の中心人物である藤岡信勝氏は、国際競争に勝つために必要だとして、教育におけるディベートの普及に力を入れていた。「歴史ディベート」の提唱者だったのである。「つくる会」などの運動を研究した社会学者倉橋耕平氏によれば、その「歴史ディベート」は真実より「説得性」を重視していたという。つまり事実を積みあげた真実より「その場限りでもディベートに勝つ」ことが重要視されていたとの分析だ。慰安婦などの史実に関し論破して「勝った」側の主張を〝真実〟とみなす行為が、歴史修正主義の言説と深く結びついていったと結論づけている。歴史学の成果を否定し、知の枠組みから外れた俗説が〝真実〟に格上げされて流布される事態を招くことになったというのだ。

その藤岡氏らが設立する「つくる会」が誕生した1997年、右派の結束と大同団結を掲げる右派政治団体「日本会議」が発足した。前年、「日本会議」が発行する機関誌『日本の息吹』(1996＝平成8年9月号)に藤岡氏が寄稿、「文部省検定済み中学校歴史教科書の反日性のすさまじさ」、「特に反日性のひどい一部の教科書は、もはや教科書というよりは左翼運動、反体制運動のアジビラ集である」と既存の歴史教科書をさらに激しく罵倒していた。両団体が当初から連携し協力する関係にあったことがよくわかる。

第二次安倍政権発足以降、「日本会議」を研究対象とする書籍が多く出版されている。神社本庁をはじめ宗教家と財界人を中心とするこの政治団体は、2017年に行った設立20周年記念大会で、安倍晋三首相が「憲法改正」への意欲を語るビデオメッセージを流した。現政権との結びつきが極めて深い改憲運動団体といえる。

「つくる会」メンバーらが執筆した新しい歴史教科書は、2001年の検定を通過した。「日本の次世代に自信をもって伝えることのできる良識ある歴史教科書」と声明に掲げた教科書が誕生したわけだが、このとき学校ではほぼ採用されず、一般書籍としてアピールしていた。

いっぽう東京都23区すべてで採用されていた老舗の日本書籍の中学歴史教科書に転機が訪れたのは、この2001年の検定だった。池田さんたちが内容を刷新したときだ。初めて執筆に加わった歴史学者が、戦時中日本軍が関わった行為の一つとして、慰安婦の問題をこう取り上げていた。

「日本国内の労働力不足をおぎなうため、朝鮮や中国の占領地からは、多くの人々が内地に強制的につれていかれました。強制連行された朝鮮人の数は約70万人、中国人の数は4万人とされています。また、朝鮮などアジアの各地で若い女性が強制的に集められ、日本兵の慰安婦として戦場に送られました。『大東亜共栄圏』はたんなる宣伝のためのスローガンにすぎなかったのです」、「日本政府は、こうした経過から、賠償などの戦後処理の問題は基本的に結着ずみとの立場に立っています。しかし、日本から被害を受けた個人が補償を要求する権利まで各国の政府がうばうことができないという考え方もあります」

韓国人の元慰安婦、金学順《キムハクスン》さんが、日本政府に謝罪と補償を求めて裁判を起こしたことにも触れていた。歴史認識が外交問題にも発展し、国内外で激しい議論が沸き起こっていたさなか、慰安婦の強制はなかったとする右翼団体などから教科書会社に対し、脅迫めいた手紙が届くなどして、教科書会社の多くが慰安婦問題の記述を避けるようになっていた。そんな中、これまで通り問題を取り上げた日本書籍は目立つことになった。そして、日本書籍の教科書の採択を見送る自治体が相次いだのだ。池田さんは当時をこう振り返った。

「蓋をあけて、結果が大変だったので本当にびっくりした。うちの教科書の営業担当者もこれほどまでとは、東京都で見れば23区中、21区の採用がなくなるとは予想だにしなかった」

「秘かにね、暗黙のね、不採択の動きがあったかなと。営業担当者も自分たちが学校を回っているときには、そういう動きは全然知らなかったと言っていましたからね。私が若かったころ、文部省内部で、教科書についてはある程度書かせても、採択の結果で落とせばいいと職員が言っていましたから。ああ、現実に起こったのかと思いましたね」

日本書籍の教科書執筆にこのとき初めて参加したのは、一橋大学教授で歴史学者の吉田裕《ゆたか》氏である。インタビューを申し込むと「教科書執筆から遠ざかっているのでできれば遠慮したい」と消極的な返答だったが、日本書籍が倒産するきっかけとなった慰安婦の記述について語ってほしいと懇願すると承諾してくれた。私たちは一橋大学の研究室を訪ねて、じっくり話を聞いた。

## 後退する記述

吉田教授によれば当時、日本書籍では編集者と執筆者、そして現役の教員らも一堂に会し編集会議が開かれていた。執筆者が書いた原稿を読み上げながら意見を出し合う民主的なやり方だった。検定に対して安易な妥協はせず、執筆者の研究成果を尊重するという方針だった。発言も自由にできる雰囲気だったが、吉田教授が執筆した箇所は、特に意見は出されず会議を通過した。そのため、教科書検定で多数の意見がつけられるだろうと予想したという。吉田教授は、初めて経験した当時の検定を振り返った。

「相当に身構えて教科書の検定にのぞんだんですけど、本当に拍子抜けするぐらい、ほとんど何もクレームがつかなくて。戦争の加害に関わる部分は覚悟してたんですけど、まったく一言も、あっけなく終わった感じです。やっぱりこれは後から振り返ってみると、他社の教科書が後退したのは自主規制が大きく効いているんじゃないかということです」

教科書の検定基準が改訂され、近隣諸国に配慮する条項(「近現代の歴史的事象の扱いに国際理解と国際協調の見地から必要な配慮がされていること」という規定)が入り、検定が緩やかになった時期であったともいう。吉田教授は当時、学術研究の成果を教科書にしっかり反映したいと考え、軍隊の間違いや戦争の悲惨さを学んでほしいとの思いで書いたという。しかし他社は「つくる会」の運動に萎縮したのか、記述を後退させたようだった。

「これを見たとき、『あ、標的にされるな』と思いましたね。つくる会がいまの教科書は自虐的だというキャンペーンをずっと張り始めていたちょうどそのときだったので、標的にされるかなと思いましたけれど、まさに標的にされて、採択されなかったわけですよね」

その編集方針に好感を持った日本書籍の採択が一気に激減してしまった衝撃は、いまも忘れられないという。

「ぼくの叙述のせいで、採択が激減して、なおかつ会社が倒産するというかそういう事態にまでなってしまった。執筆者としては、編集者や会社の人たちに対しては負い目というか責任を感じて、それ以降は、教科書の執筆には一切関わらないことにして、何度か頼まれたこともあるんですけど、現在にいたるまで一回も執筆を引き受けていないんですね。自分なりのケジメだと思って。トラウマみたいになっちゃっているということです」

吉田氏はその後、教科書執筆を避けるようになったが、一般書籍は意欲的に書き続けた。最新の著書『日本軍兵士――アジア・太平洋戦争の現実』(中公新書、2017年)は、「日本国家」が暴走した挙句、食料や武器の補給もなしに使い捨てられてゆく日本軍兵士のリアルな姿を、兵士からの視線で克明に描いている。兵士たちの勇敢さを美談にするにはあまりに残酷で凄惨な現実が戦場を覆った実相を、読者にこれでもかと届けようとしているかのようだ。上官の命令に服従する道しか残されず、命を落とした大勢の兵士の無念と悲哀と怒りが行間から叫びのように伝わってくる。

２００１年の検定で日本書籍の部数が激減したことに関し、「これは、つくる会の効果だった」と当時、「つくる会」の会報誌『史』などが記していた。さらに２０１３年に発行された『史』１００号記念号でも、「顕著に現われた『つくる会』効果」との見出しで、「一番自虐度が高いと言われていた日本書籍がシェアを落として撤退」と書かれている。吉田教授も当時のこうした攻撃的な言葉をはっきりと覚えていた。

教科書が歴史上の記述をめぐり、波が引いたように採用されなくなるという経験をした日本書籍元編集者の池田さんはいまも、「子どもたちに歴史に向き合ってほしい、という思いは間違っていなかった」と振り返る。

「著者陣が良心的な人が多かった。私自身もやっぱり戦争加害の問題についてはね、中学生向けでもちゃんと教科書に記述をして、戦争加害の問題を書かないと。原爆の被害とか空襲の被害とか、被害の歴史だけでは戦争学習にならないということで。加害の問題は教科書では避けて通れないと」

戦争の被害と加害の両面をしっかり学んでほしい。そんな編集方針を曲げずに通した日本書籍が倒産に追いやられ、従業員らは職場を去った。さらにその後、教科書会社で自主規制が強まってしまった、と池田さんは表情を曇らせこう語った。

「業界の中でもですね。いろんな中で、編集者が頑張ろうとすると、日本書籍の二の舞を演じるのかというふうな発言が経営内部から……やっぱりそういう圧力的な発言が編集者に対してあったと聞いてますね。（日本書籍という）『生きた教材』があるもんだからね、そういう『生きた教材』を作りだした者としては、かなりの影響を与えたかなというふうな気持ちは持っていますす」

東京都内を流れる荒川の河川敷で話をしてくれた池田さん。座ってもらったベンチの背後では少年たちが野球に興じていた。すぐ近くの団地にある住まいから散歩のコースだという川沿いの遊歩道でも、自転車を止めてのんびり楽しそうに会話する少年らがいた。そんな子どもたちに優しい眼差しを向ける池田さんは、歴史の教科書を通して、平和な未来を築くバトンを子どもたちに手渡そうとしていたのではないか。わずかに足を引きずって歩く彼の姿は、教科書編集者の矜持を物語っているように見えた。

## 育鵬社教科書代表執筆者・伊藤隆氏は語る

中学歴史教科書はいま、どのように歴史を叙述しているのか。現在使われている8冊をすべて購入し、中でも保守色の強い教科書をじっくり読んでみた。「新しい歴史教科書をつくる会」は、その後2つのグループに分裂し、「新しい歴史」を掲げる教科書の2冊は、自由社と育鵬《いくほう》社によって出版されている。

「つくる会」による「自由社」の教科書は、日本国の始まりを神話を繙き大きく扱うのが特徴の一つだ。神話の中で初代天皇とされる、神武天皇が登場するまでの神々の系図を詳しく載せている。いっぽう、日中戦争で一般住民に多くの犠牲者を出した南京事件について、8冊中この1冊だけがまったく触れていない。

もう一方の「育鵬社」の歴史。こちらも国の誕生の物語をクローズアップし、伊勢神宮や出雲大社など、神道の歴史を詳細に記述している。また教育勅語については「国民の道徳の基盤になった」と肯定的にとらえ、戦後、廃止されたと否定的に記述する他社とは明らかに異なる。ちなみに育鵬社の公民教科書を読むと、他社とは際立って異なる点がある。それは日本国憲法をめぐる記述である。育鵬社は突出して憲法改正の手続きについて多くの行数を割く。その記述を読むと、日本国憲法の改正を推進していると読みとれる。

その育鵬社の教科書を推奨する団体「日本教育再生機構」は、改憲を目指す右派団体「日本会議」のフロント組織である。都市部を中心に採択数を増やす育鵬社の歴史教科書が目指すものは何なのか。代表執筆者にインタビューすることを決め、取材を申し入れた。東大名誉教授の歴史学者、伊藤隆氏である。

新宿駅に近いビジネスホテルの一室をインタビューの場所とした。伊藤氏から「新宿の京王プラザホテルへ行く用事があるので、同じホテルの部屋を押さえてほしい」と依頼されたのだが、部屋の借り上げ料が高く、別のホテルにお越しいただいた。番組のテーマは「教育と愛国」で、「道徳の教科復活を機に歴史教科書問題も取り上げたい」と伝えていた。

伊藤氏の著書『歴史と私――史料と歩んだ歴史家の回想』(中公新書、2015年)を事前に読んでインタビューに備えた。それによれば、伊藤氏は東大学生時代に60年安保闘争で犠牲になった樺《かんば》美智子さんとデモの当日、死の直前に「卒論の準備は進んでいるか」と声をかけあったそうだ。樺さんの死後はさまざまなセクトを束ねる裏方役を引き受け、合同慰霊祭の開催に奔走している。こうした学生時代の回顧録は特に読みごたえがあった。

教科書執筆に関わるようになったのは、東大に着任して以降の1975年供給の山川出版社の高校生用日本史からだという。

伊藤氏にしてみれば、山川教科書のそれまでの記述は問題だらけで、少しずつ筆を入れ記述を修正していったそうだ。たとえば「ファシズムの進展」という見出しは「軍部支配の進展」というふうに。こうした修正に力を注いだ最大の理由に、東大受験生の答案の中身をあげる。見ていると、受験生の大半が過激な左翼としか思えないというのだ。「高校の先生たちは、日本の戦前は法治国家ではなかったと教えているに違いない」と嘆く政治学の先生の声を紹介し、先生に教わった通りの内容を受験生が忠実に答案に反映させていることが厄介だと問題視していた。

伊藤氏は約束の時間より30分早くホテルのロビーに姿を現した。自身も政治家などから聞き取りをして論文にまとめる実践者であるからだろう、こちらの取材時間を気遣ってくれているようだった。

東大名誉教授・伊藤隆氏.

初対面の印象は穏やかで学者らしい人物。カメラをセッティングした部屋に案内すると、すぐにこんなふうに語り始めた(写真)。

「ぼくはオーラルヒストリーのその結果を直接的に論文で引用するということはしないですね。だって自分で考えてみても、記憶はあやしいと思ってますから。『歴史と私』にも書いたんですけど、あれも本当に大丈夫かなと。いまの私が考えている『過去の私』ですからね。その当時とはちょっと違うかもしれない。人によって同じ事柄でもずいぶん違ったことを言うでしょう。まあ、それはしょうがないですね。みんな自分の思いたいように思っているから」

実証主義に基づく研究者らしい冷静な視点である。続いて「僕らの研究とあなたがたの取材は似てますよ。相手の言うことを切り取るでしょう。僕はよく政治家に怒られたな」
ぐっと親近感を抱く取材の滑り出しだった。しかし、それから30分あまりしてその印象はまったく異なるものになっていく。伊藤氏は「新しい歴史教科書をつくる会」の発足に加わった経緯を次のように説明した。

「東大を辞めてから数年たって、あの藤岡信勝という東大教育学部の、ぼくより若いやつですけど、彼から『伊藤さん、中学校の歴史教科書をちょっと読んでみてください』と言われて、彼から読まされたんですよ。読んだら、まあすさまじいねえと思ってね。露骨な左翼史観です。それでこれは危ないと。これ義務教育だから。東京書籍とかああいうところでしょ。だいたい出版社自体が左翼ではないんでしょうけど、それで売ってきたわけですから。実はそういうことに少し前に気が付いていた。東大の入学試験の採点の会場でね」

伊藤氏の著書『歴史と私』に記された、東大受験生が左翼的な考えの答案を書いているという話に移っていくのだが、その背景ともいえる歴史観を次のように語るのだった。

「アメリカがある意味で宣伝したんです。日本人と支配者を分断する。悪いのはこいつらだ。これを裁判にかけたり、追放したり、いろいろやったんです。最終的には彼らを許容していた日本人全体が反省すべきであるという、そういう宣伝を占領中に徹底的にやったわけです」

――それと、左翼史観は？

「くっついちゃうんですよ。要するに左翼史観では、過去の日本は悪いわけでしょ。だいたい、支配者に対する戦いの歴史であるんでしょう。民権運動とか農民一揆とかね。左派でないとダメなんですけどね。労働運動、農民運動、そういうものを称揚していくのがメインです」

私は伊藤氏のこの発言をどう理解したらよいのか戸惑った。そこで、学生運動をこの目で直接見たこともないし、左翼史観という言葉そのものがわからないと問いかけた。すると伊藤氏は驚いた様子で、こう説明を続けた。

「あ、わかりました。あのね、要するに歴史学会はもう左翼史観で完全に埋め尽くされている。歴史学者は当初、自分たちは左翼史観だと思っていないかもしれない。だけど全体は左翼史観で、リーダーシップを持っているのは左翼史観の人たちで。彼らに同調しないと職も得られないし研究費も得られないという状態です。アメリカも日本研究の学者たちは、左翼です。だから、日本の研究者とつうつうですね」

――学校現場で共産主義の先生は少ない、と認識していたんですけど。

「いえいえ」

――日教組は、左翼的ですけども、共産組合とは違いますよね。

「共産の組合ですよ。社会党系と共産党系がありますけれど、いずれにしても最終的にはマルクス主義ですね。だんだん加入者が少なくなったと言ったって無関心な人が増えただけで、使命感のある人たちは強力にやっているわけです。そうすると、その地域の学校の先生たちは、そういうふうになるんです」

マルクス主義が地域の学校の先生たちの思想的背景と言っているのだろうか？　私自身が大阪の学校現場を取材して把握してきた事実とは違う。また別の〝事実〟を伊藤氏は語っているように感じた。その言葉はしだいに熱を帯びてゆく。そして次のように語る箇所を番組の中に盛り込んだ。

「まったく、日本全体的にだと思うんですよね。僕ら『自虐史観』と言ってるんですけどね。日本人としての誇りをもてないような記述ですよ。僕はその…愛国教育をやれとかそういうことを言っているわけじゃなくて、左翼史観に覆われているような歴史を教えるんじゃなくてですね。ありのままの日本を教えた方がいい。そうでなければ困ると」

伊藤氏の考えは保守派の考え方を象徴していると言えるのだが、インタビューのやりとりは、こちらが心づもりしていた範囲を徐々に越えていった。

「そうですね。イデオロギーに災いされない、ありのままの日本の姿を歴史的にですよ。日本の姿を……僕は歴史学者として、後世に伝えていくことだし、それは国民に教育されるべきことだと思ってます」

――歴史から何を学ぶべきですか？

「(歴史から)学ぶ必要はないんです」

――……それは、かみ砕いて言っていただくと。

「学ぶって、何を学ぶんですか。あなたがおっしゃっている、学ぶって」

――たとえば、日本がなぜ戦争に負けたか…

「それは、弱かったからでしょう」

――育鵬社の教科書が目指すものは何になるわけでしょうか？

「ちゃんとした日本人を作るっていうことでしょうね」

――ちゃんとしたというのは？

「左翼ではない。昔からの伝統を引き継いできた日本人、それを後に引き継いでいく日本人」、「いまの反政府のかなりの部分は左翼だと思いますけども。反日といってもいいかもしれませんね」

「(左翼ではない)ちゃんとした日本人を作る」「(歴史から)学ぶ必要はないんです」と言い切った伊藤氏。私はその言葉にたじろぎ、次の質問を繰り出すまでに微妙な間が生じている。そんな間をも含んだ場面には、言いようのない緊張感が漂っている。このインタビューに対し、覚悟を決めて取材したのか、と問われることがある。正直に言うが、決してそうではない。単純に知りたいという欲求、好奇心からだった。番組放送後「よくぞ本音を引き出した」と評する人もいた。しかし、あえて語らせたというものではないと思っている。

育鵬社の教科書は、既存の教科書会社との攻防を続けていると伊藤氏は強調した。さらに以前に比べれば採択増を意識して、叙述がマイルドになったとも語った。そして前述した通り、その口調は徐々に熱を帯びていったのだ。つまりここまで赤裸々に述べても差し支えないと思わせる社会の現状があり、そのような時代の空気なのだと私は受けとめた。そう考えるほうが当たっているであろう。

伊藤氏をインタビューした後、ある考えが浮かんだ。「育鵬社」の教科書は〝歴史を学ぶ〟のではなく、国家にとって歓迎すべき〝道徳を学ばせよう〟としているのではないかと。これは戦前の教育勅語を「国民の道徳の基盤になった」と肯定的に取り上げる唯一の教科書であることとも符合する。「ちゃんとした日本人」が右翼か左翼か、そんなことはむしろどうだっていい。学術的・科学的な知見ではない、あるべき日本人という一つの価値観、国家が求める「日本人像」が押しつけられる危険性をはらんでいることが問題なのだ。子どもの内面に踏み込む恐れのある価値観が、教育現場において上意下達となる日は近い、そう気づいた瞬間だった。

伊藤氏とは番組放送後、2度メールでやりとりした。直筆のお礼状を添えて番組をダビングしたDVDを郵送したその後、再放送してもよいですかと問い合わせたところ「番組は見ていないが、どうぞ」との返信だった。その後、50分の番組を24分の短縮版にリメイクしTBS発の全国放送をするが了承してもらえますか、と再度メールを送ると「深夜の放送を見ることができません。DVDをお送り下さるとのことですので、それで拝見します」との返事だった。

取材時に伊藤氏は、自らが少しずつ修正していったという山川出版社の高校日本史の教科書が、退官と同時に執筆を引き継いだ東大教授の加藤陽子氏によって元の記述にどんどん戻ってしまったと嘆いていた。「彼女はぼくが指導した、とても優秀な学生だった。だけど、あれは本性を隠してたな」と少し怒りを含んだ声で語った。そんなふうに本音を語る伊藤氏を主人公に据えて取材をさらに重ねることができれば、戦後における歴史教育の変遷を描くドキュメンタリーが1本できるかもしれないとも考えた。

## 「政治家がタッチしてはいけないのかと言えば…」

2012年2月、当時民主党政権下で下野していた安倍晋三氏が、政治によって教育を変える、と踏み込んだ発言をする場面が、番組冒頭とクライマックスにそれぞれ登場する。大阪維新の会の松井一郎府知事と並んで教育について語るその舞台は、「育鵬社」の教科書を推奨する「日本教育再生機構」主催の「教育再生民間タウンミーティングin大阪」である(次頁の写真)。安倍氏は大胆な発言を次々と行った。

「教育目標の一丁目、一番地に道徳心を培う」、「私はいまから約19年前、衆議院に出るときに政策の目標として道徳教育を復活するというのを出して、教育基本法を変えることによって実現することができました」、「(教育に)政治家がタッチしてはいけないのかと言えば、そんなことはないですよ。当たり前じゃないですか」

続いて育鵬社の名前をあげて、強く推奨した。

「首長が非常に教育について強い信念を持っていれば、その信念に基づいて教育委員を替えていく

「教育再生民間タウンミーティング in 大阪」.

んですよ。たとえば、あの横浜で『育鵬社』の教科書が採択されるというのは驚きなわけですよ。相当な決意を持って1人ひとり順次、教育委員に自分たちが決めようと強い意志を持っている人に替えていった結果なんですね。それができている地域だってあるんですよね。そのところをよく見ていく必要があるんだろう」

以上の発言は、当時撮影した安倍氏の映像の中から番組に盛り込んだ箇所を一言一句書き起こしたものだ。これらの内容は、政治が教育にタッチし、教育委員の首をすげ替えてでも、思い通りの教科書を採用するよう推奨していると受け取れる発言である。教育基本法が掲げる教育の理念「不当な支配に服することなく」の大前提を根底から覆そうという危険な発想にあたるのではないか。

このタウンミーティングを詳細にリポートした機関誌がある。主催団体「日本教育再生機構」が発行する『教育再生』２０１２(平成24)年4月号だ。そのタイトルは「教育再生民間タウンミーティングin大阪」で、安倍氏の発言をそのまま紹介する座談会リポートの形式で書かれている。6頁の中身を映像と比較してみると、実に巧みに削除、加筆されていることがわかる。

たとえば、安倍氏の発言「(教育に)政治家がタッチしてはいけないのかと言えば、そんなことはないですよ。当たり前じゃないですか」はすべて省かれていた。その前後がどのように書かれているか、ここに機関誌『教育再生』から転載してみたい。

「先ほど八木先生が読み上げた条例の理念は、政治的に偏っていません。しかしそれが現場でできていないのです。私はいまから19年前、衆議院に立候補するときに政策の目標として道徳教育の復活を訴えました。教育基本法で政策として実現したのですが、学力を上げよう、道徳心を持とうというのは何の問題もありません。これを条例にするのは正しい。その一方で、恣意的で、政治的な主張は、間違いです。例えば、維新の会を愛せとか、松井さんを支持しろというのは、おかしい(笑)。けれども、日本国を愛しましょう、自分の生まれた大阪を愛しましょうというのは、特定の主張ではありません」

ところが、実際は次のように語っているのだ。

「いま八木先生が読まれたこの(条例の)目標の理念ですね、これ政治的に偏った理念かといえば、全然そんなことないでしょう。それがね、普通に思えるものが、できていないというところに大きな問題があってですね。政治的中立というのは、たとえば、政治家がタッチしてはいけないのかと言えば、そんなことはないですよ、当たり前じゃないですか。たとえば私はいまから約19年前、衆議院に出るときに……」と続くのだった。

さらに、教科書採択をめぐる発言は以下のように修正されている。

「その意味で、横浜市で育鵬社中学教科書が採択されるのは本当に驚くべきことです。首長が相当の覚悟で教育委員を選んで、教育委員一人一人が全部の教科書を読み込んで、事務局に対抗しないといけない。議論して説得できる教育委員に変えていくことができれば、現在の制度でも(育鵬社採択は)不可能ではありません。そういう地域もあります」

これも繰り返しになるが、安倍氏の実際の発言はこうだ。

「首長が非常に教育について強い信念を持っていれば、その信念に基づいて教育委員を替えていくんですよ。たとえば、あの横浜で『育鵬社』の教科書が採択されるというのは驚きなわけですよ。相当な決意を持って1人ひとり順次、教育委員に自分たちが決めようと強い意志を持っている人に替えていった結果なんですね」

なぜ、講演録を巧みに削除、加筆する必要があったのだろうか。教育委員で構成される教育委員会の役割は、剥き出しの政治が教育を支配しないようにする、すなわち政治の介入を防ぐためにある。機関誌の編集者は、教育基本法や地方教育行政法等の法律をきちんと理解していて、安倍氏の発言をわざとマイルドにしてその趣旨を修正したとしか思えない。ある意味、内容の改ざんと言ってもいいかもしれない。とすれば、なおさら安倍氏の本来の発言は「首長は教科書採択において、意に沿う結果を得るためには教育委員を入れ替えろ」との解釈になるだろう。

2015年、大阪市教育委員会は安倍氏の推奨する育鵬社の教科書を採択することになった。どの教科書を選ぶか議論し採決を採る委員会会議に、傍聴席は用意されず、市民は排除された。教科書問題に関心を寄せる人びとは市役所の外で、「育鵬社の採択反対！」と横断幕を掲げ、大きな声を上げていた。この採択までの動きは、後述することとしたい。

この教育再生民間タウンミーティングin大阪に関し、森友学園の籠池前理事長が、大阪府議会の証人喚問で「政治の力」をこう述べていた。

「平成24（2012）年2月26日に開催されました、日本教育再生機構、大阪主催のシンポジウムにて、松井知事と当時2度目の総理の座を狙っていました安倍晋三先生が同席されたことも、私どもの学園をとりまく環境に大きな変化をもたらしました。あのシンポジウムの後から大阪でも教育再生との掛け声が高まり、こちらからお声がけせずとも、維新の先生がたが私ども学園にご視察にお越しになる情勢になったのです」

学園が運営する塚本幼稚園では、2015年の運動会で園児が「安倍総理ガンバレ！ 安倍総理ガンバレ！ 安保法制、国会通過良かったです！」と選手宣誓した。その動画は森友学園問題が報じられる中で各社がニュース番組等で取り上げ、教育現場にふさわしくないと問題視した。「政治的中立性が疑われ不適切」と籠池氏もその後認めたこれらの行為は、ちょうど小学校開設に向けて準備に奔走している最中に起こっている。

籠池氏は、政治が神風を吹かせたとも述べている。神風がどこをどのように吹き抜けたかは籠池氏本人もわからないと言う。が、地中に埋まるゴミを理由に国有地の取引で8億円もの破格の値引きがなされ、籠池氏側の要望価格に沿う形で、小学校建設の土地取得が一気に進んだ。

安倍首相は国会で「森友学園の件に関わっていたら、総理も国会議員も辞める」と啖呵を切った。その後、財務省近畿財務局の公文書改ざんが浮上し国会が紛糾、安倍政権を揺るがす事態を招く。そして、籠池氏は妻とともに刑事被告人となる。いっぽう近畿財務局では、一連の改ざんという不正行為を苦にした1人の職員が自殺に追い込まれる重大局面に至ったが、佐川宣寿《のぶひさ》前理財局長をはじめ関係する財務省幹部ら全員が不起訴処分とされた(大阪第一検察審査会は2019年3月に佐川氏ら計10人について「不起訴不当」と議決)。森友学園を舞台とする〝政治と教育〟はいまも闇に包まれている。

## 沖縄「集団自決」と教科書問題

教科書に話を戻そう。2001年に日本書籍の慰安婦に関する教科書の記述が激震に見舞われた次に、沖縄戦の「集団自決」の扱いがクローズアップされた。「新しい歴史教科書をつくる会」が、沖縄戦に関する日本軍の記述を修正させようと運動の火ぶたを切っていた。同じころ、NHKの「ETV2001シリーズ　戦争をどう裁くか　第2回問われる戦時性暴力」の番組改変問題に関与したとされる「日本の前途と歴史教育を考える若手議員の会」が会内に「沖縄戦検証のための小委員会」を新たに設置。2001年当時の「議員の会」の事務局長は、安倍晋三氏だった。

番組『教育と愛国』の企画書は、沖縄における歴史教科書の問題を地元紙の記事を引用しつつ、取材先まで詳細に書いていた。2015年夏に報道記者からドキュメンタリー班に異動した私は、第1作目を沖縄の地で取材、制作している。その『映像'15 なぜペンをとるのか〜沖縄の新聞記者たち』は、米軍基地問題をめぐり、日米政府に鋭い論陣で挑む琉球新報社の記者たちに40日あまり密着した作品だ。自民党若手議員の勉強会「文化芸術懇話会」で国会議員の質問に応答した作家の百田尚樹氏が、「沖縄のふたつの新聞は潰さなあかん」と「圧力」発言をしたことをきっかけに、国家権力と対峙しながら県民に寄り添う記者たちの姿を見つめたいと企画したものだ。それから1年半後、基地反対運動をする人びとを「過激派」「テロリスト」と貶める卑劣なデマを検証する『映像'17 沖縄さまよう木霊~基地反対運動の素顔』を企画・放送した。このふたつのドキュメンタリーを制作した経験から、沖縄には特別な思い入れがあった。

さらに遡れば、大阪地方裁判所では沖縄戦の「集団自決」の記述をめぐる裁判が提起されていた。2005年、作家大江健三郎氏の著書『沖縄ノート』(岩波新書、1970年)の集団自決を描いた部分に対し、日本軍の元指揮官やその遺族が「自分たちの部隊は関与していない。冤罪である」と大阪地裁に訴えたのだ。

歴史認識が争われたこの大江・岩波裁判は、元指揮官らによる名誉毀損の訴えが退けられ、最高裁で原告敗訴が確定する結末を迎えるが、係争途中の裁判が教科書検定に大きな影響を与えたと言える。軍の関与を否定しようとする元指揮官ら原告の振る舞いと教科書記述が一斉に書き換えられてゆく事態が重なり合っていた。当時裁判を傍聴した人のこんな証言も耳にした。「つくる会」の関係者が「裁判は負けてもいい。教科書さえ書き換えられれば、我々の勝利だ」と傍聴席で語っていたというのだ。

## 集団自決の現場で

その「つくる会」が狙いをつけたのは沖縄県の渡嘉敷島《とかしき》だった。那覇空港から車で15分ほど走った泊港からフェリーに乗り換え約30分。美しい珊瑚礁が広がる慶良間《けらま》諸島の中にその島はある。かつて日本軍の特攻部隊が駐留した、この慶良間の島々で激しい論争が起きた。2006年度の高校日本史の教科書検定で、住民同士が手榴弾などを使って集団自決に追い込まれた記述から「軍の命令や関与」が削除されたのだ。

これはちょうど教育現場に激震が走っていた時期と重なる。第一次安倍内閣誕生から3カ月後にあたる2006年12月、教育基本法が改正された。「伝統と文化を尊重し、それらをはぐくんできた我が国と郷土を愛する」態度を養うという条項が戦後初めて書き込まれ、この法改正を実現させた安倍氏を尊敬し、熱烈に支持する人びとが現れたという。籠池氏もその1人だった。

政治を教育に介入させないという支柱だった旧法第10条は改変され、「不当な支配に服することなく、国民全体に対し直接に責任を負つて(行う)」という戦後教育の理念が弱められた。「不当な支配に服することなく」という文言は辛うじて残ったのだが、「法律の定めるところにより(行う)」となった。法律で規定さえすれば、つまり民意を受けた政治家がルールを定めてしまえば、政治介入の扉が開かれる、そんな道筋がつけられたと言える状態になってしまった。

私たちは、中学校の理科の教師だった吉川嘉勝さんと出会うことになった(写真)。渡嘉敷村で生まれ、村の教育委員長も務めた吉川さんは、6歳のとき集団自決の現場に居合わせた。その沖縄戦の体

集団自決跡地の石碑の前で，吉川嘉勝さん．

験を、多くの子どもたちに語り続けている。県外の高校生と一緒に吉川さんが島内の戦跡を巡る学習ツアーに同行した。

ふもとの集落から離れた山の中、集団自決跡地の石碑が立つその森はうっそうとしている。撮影で訪れたのは初夏で暑いはずなのに、ひんやり肌に感じる気配が漂っていた。1945年3月28日、米軍が島に上陸した翌日、山の中に村長ら多くの住民たちが集められた。村長のある合図をきっかけに人びとが手榴弾などで自害、殺し合い、まさしく地獄となった。犠牲者は330人。「手榴弾が軍から配られ、命令はあった」と吉川さんは語り継いでいる。高校生と一緒に石碑の前で黙禱を捧げる吉川さんの表情をカメラは追った。

「二度とあんなことはあってはいけない、とこうして勉強に来ています。見守ってください。黙禱」

70年以上前の沖縄戦の実態は、学術研究が現在も続いている。教科書の沖縄戦をめぐる記述は、戦後ずっと書き換えられてきたといえる。2006年当時、高校の日本史教科書の一つは、集団自決をこう記していた。
「日本軍は、県民を豪から追い出し、スパイ容疑で殺害し、日本軍のくばった手榴弾で集団自害と殺し合いをさせ、800人以上の犠牲者をだした」（原文）
こうした教科書の原文に、「沖縄戦の実態について誤解するおそれのある表現である」という検定意見がついた。吉川さんは当時の検定をめぐる出来事を険しい表情で語ってくれた。

「島の人たちは戦争だったから仕方なかったと黙ってきたわけです。それを集団自決は神話だとかね、こうやられてくる。日本軍は関係ないと言って検定意見をつけてくる。はっきり言ってもう……胸が割けそうな怒りを感じましたね、私は」

教科書検定によって、5社の高校日本史は軍の命令や誘導はなかった、と読み取れるような内容にトーンダウンした。これに対し2007年9月、抗議の声をあげる集会が宜野湾《ぎのわん》市で開かれ、沖縄県民11万人以上が集まった。吉川さんは悩んだ末にこの集会の壇上に登った。熱く訴えかけるその姿を捉えた写真が自宅リビングに飾られている。検定のあり方などをめぐり議論が広がっていった。
住民たちの多くが自ら命を絶った森の中に高校生と一緒に入った吉川さん。自分がなぜ生き残ることができたのか、子どもたちに直接語り始めた。あたりは静まり返っていた。

「兄の話だと、本部のほうから指令がきて、村長に耳打ちをした。村長が、はいはい、と聞いていたと。艦砲射撃が始まっていたので、バンバンと音が響いている。やがてそこで村長さんが『天皇陛下万歳』とやったんです、そしたらあっという間にあちらこちらで手榴弾が爆発してカンカンと生き地獄になった。16歳の兄が手榴弾を2個もらっていて、日本兵の大切な手榴弾がなぜ住民に配られたのかということですね。じゃあやるぞ、と円陣を作って、義理の兄、長女の婿は日中戦争帰りで防衛隊の中の幹部です。彼も来ていた。これは確実にね、日本軍が介入しているというひとつの証拠です。当時の教頭先生なんか、勝手なことをしたと防衛隊に首を斬られていますから。そういう人たちがここに来ていた」

「私は前のめりになって、顔に土がついていた。母が自分の膝に私を座らせ、兄貴が手榴弾を投げたときに伏せてかぶさって私を守っていた。母の愛だったと思う」

吉川さんの兄が持つ手榴弾は不発だった。しかし、周囲では米軍に捕らわれる前にと、住民同士が殺し合ったり、自害へと追いやられてゆく。その中で、母がすくっと立ちあがり、方言で叫んだ。その言葉をきっかけに、吉川さんと兄弟は生き抜くことができたという。高校生への語りは続いた。

「方言で当時のことをちょっと喋ってみるか？　ちょっと興奮するけどね……ゆうすけ、うるしるでんひち！　やっさー（方言で語る吉川さん）……その手榴弾捨てろ、そうだ、人間は生きられるまでは生きるべきだと。死ぬのはいつだってできる。兄さんを追いなさいと。兄さんは子どもをおんぶして逃げるけん、兄さんを追いなさいと。当時ね、こんな大きな声で方言を使ったらスパイだと言って。あんたがたに通じないでしょう。スパイだと言ってね。こっぴどくやられている」

吉川さんが集団自決の現場から逃れることができたのは、沖縄の方言で「生きなさい」と大きな声で叫んだ母親がいたからだった。母親は学校に通ったことがなく、天皇とお国のために命を投げだせと教えた皇民化教育を一切受けていなかった。つまり無学だったからこそ、生きることの大切さを心で感じ、軍民一体となって自決することの矛盾を突くことができた。人生最悪の局面に周囲とは違う行動を取り、我が子の命を救うことができた母。「無学の母に感謝している」、吉川さんはそう繰り返し話した。教育とはまさに諸刃の剣なのだ。

「集団自決」の記述が修正された当時の文部科学大臣・伊吹文明氏は「(政治が)教育に介入してはいけない」と当時の会見で釈明した。「私が検定審議会がおっしゃったことについてそれを変えるとかどうだとかいうことは致しませんし、またそれができるような国であったら日本の教科書は大変怖いものになります」と述べ、政治家が教科書の記述に口出しすることはできないという原則的な立場を貫いた。その後文科省は検定の過程において教科書会社に対し、集団自決の記述について、態度を微妙に変え、その結果、日本軍関与の記述が一部復活していった。

伊吹氏に番組で改めて当時のことを語ってほしいと取材を申し込んだが、「編集されるインタビューは一切受けない」との理由で秘書から断りの連絡が入った。私たちの放送エリアである京都選出の国会議員であるのになぜだろう、といぶかしく思った。

歴史を都合よく書き換える行為は許せないと発言し続けた吉川さんはその後、右翼に狙われるのではないかと周囲が心配したそうだ。しかし「空手をやってたから大丈夫さ。やられるわけないさ。地獄から生き延びてきたんだから」と不安の声をはねのけたという。「理不尽なことに黙っているわけにはいかない」と毅然としていた。加えて教育者らしくこうも強調した。

「上から教え込んでいくようなものは道徳ではないと思う。日本は上に従う教育をずっとやってきた。沖縄はヨコ社会の力学が強い。子どもたちひとりひとりが主体的に判断できるような、考えきれるような子どもたちを育ててほしい、教師としてね。主体性というのは、『だが、しかし…』と、自分の頭で考えられる子。新しい問題意識を自ら持って批判する力を身につけることこそ教育だ」

批判的思考が生きる力になると力説していた吉川さんは教科書検定に対し、こんな注文をつけた。
「50年後も100年後も日本が平和で豊かに過ごせるような、大きな視点のある個性のある教科書を作ってほしいなと。検定の範囲を広げて、上から余り干渉しないようにやってもらいたいな。大事なのは事実ですけど、その事実から背景を考える。何が人びとをそうさせたのか、何が歴史をそのように変えてしまったのか、主体的に子どもが考える教科書であってほしい」

## 検定意見と記述の復活

「つくる会」など「歴史戦」を仕掛けた側の勢力は「南京事件」「慰安婦問題」「集団自決」を当初からターゲットにし、これらを「3点セット」と呼んだ。2013年、藤岡氏はさらに「つくる会」運動が実現したものは「3つ」あると述べている。

「1つ目は、歴史教科書問題を日本社会に根付かせたこと。2つ目は、教科書の枠を越えて『南京』『慰安婦』『沖縄戦集団自決』など、歴史の真実の探求に道を付けたことです。3つ目は、極端な自虐史観教科書を衰退させ、そして『検定・採択』制度への問題提起をしてきたことです」(会報誌『史』100号)

「つくる会」などの勢力が一貫して歴史叙述の修正を図ろうとするのはなぜなのか。それは日本の歴史を誇り、美化したい人びとには日本軍にとって不名誉な事実は受け入れ難い史実なのだろう。

集団自決について、日本軍の命令や誘導といった表現を削除したり薄めたりする結果を招いた教科書検定について、2017年3月に発行された沖縄県史はこうまとめている。

「第三章　第三節　沖縄戦と教科書」より抜粋

「その枠組みは、政府の考える日本国家の歴史という側面を持ち、政治史中心の日本通史が教科書記述の中心となってきた。ときに学術研究の枠を超え日本政府の政治的意図・解釈によって教科書記述のあり方が左右された。これが『教科書検定意見』として、教科書会社・執筆者に突き付けられてきた。特に日本の近現代史における日本の加害に関する様々な事実については、政府の歴史認識(政府見解)と学術研究の成果に齟齬が生まれ、大きな問題となってきた」

集団自決における「日本軍の関与」を否定する流れをつくった「検定意見」。その検定意見自体について文科省は間違っていなかったとし、撤回する必要はないという姿勢を貫いている。これに対し、沖縄県民からなる市民団体「9・29県民大会決議を実現させる会」は「検定意見」の撤回を求め続けている。

市民団体の働きかけが、一つの結果をもたらしたと言えるケースもある。上記団体は、高校歴史教科書の最大手、山川出版社に対しても繰り返し「集団自決」の記述復活を求めていた。山川出版は2005年度検定に申請した教科書から自主的に「集団自決」の記述を削除していたが、2017年春から使われる日本史Bの「詳説日本史　改訂版」に「集団自決」という言葉が復活したのだ。どのように修正、復活されたかをここに記しておきたい。

「沖縄を守備していた日本軍は、アメリカ軍を内陸に引き込んで反撃する持久戦態勢をとったため、島民を巻き込んでの激しい地上戦となり、おびただしい数の犠牲者を出し、6月23日、組織的な戦闘は終了した」

〔改訂後〕

「沖縄を守備していた日本軍は、アメリカ軍を内陸に引き込んで反撃する持久戦態勢をとったため、島民を巻き込んでの激しい地上戦となり、『集団自決』に追い込まれた人びとも含めおびただしい数の犠牲者を出し、6月23日、組織的な戦闘は終了した」

わずか17文字の加筆に、およそ10年の歳月を要した。全国の高校でもっとも多く採択されている山川出版の日本史Bに『集団自決』がまったく触れられていない点を問題視する学者が多くいる中で、ようやくの復活だった。遅きに失したという批判もある。だが、『集団自決』という言葉に触れることで、本土とは異なる沖縄の過酷な歴史を繙くきっかけを高校生たちが得ることになる。ここ数年、日本が敗戦に至るまでの犠牲について、歴史的事実を軽んじ、沖縄戦を生き抜いて反戦を訴える沖縄の人びとを「行き過ぎた被害者意識」などと冷笑して歪曲しようとしたり、「戦争被害は本土も沖縄も一緒」といった暴論すら流されている。明らかに歴史から目を背ける行為の一つである。

なぜ沖縄の人びとが「集団自決」の記述削除に大きな怒りの声をあげたのか。それは渡嘉敷村で生き残った吉川嘉勝さんの証言をはじめ、語り継がれる苛烈な沖縄戦の実相を知ろうとすればするほど、痛いほどに伝わってくる。

いま名護市辺野古沖の希少なサンゴが生息する大浦湾を埋め立て、普天間飛行場に替わる新たな米軍基地の建設が進められている。2018年6月23日の沖縄慰霊の日、「辺野古に新基地を作らせないという私の決意は県民とともにあり、これからも微塵も揺らぐことはありません」と語った翁長雄《おなが》志前知事はその46日後に急逝した。翁長前知事の遺志を継ぐ、玉城《たまき》デニー現知事と日本政府の対立の溝は深まる一方だ。辺野古の海を破壊するなと基地反対運動をする沖縄の人びとの存在を小さく見せようとするためなのか、「基地反対派は県外の過激派」だの「反日極左」だのといったデマがインターネット上に大量に拡散されている。それを鵜呑みにする日本人は少なくない。その意味においても、近現代史を学ぶ教科書に、沖縄が歩んできた歴史を丁寧に叙述することが必要であると私は思う。

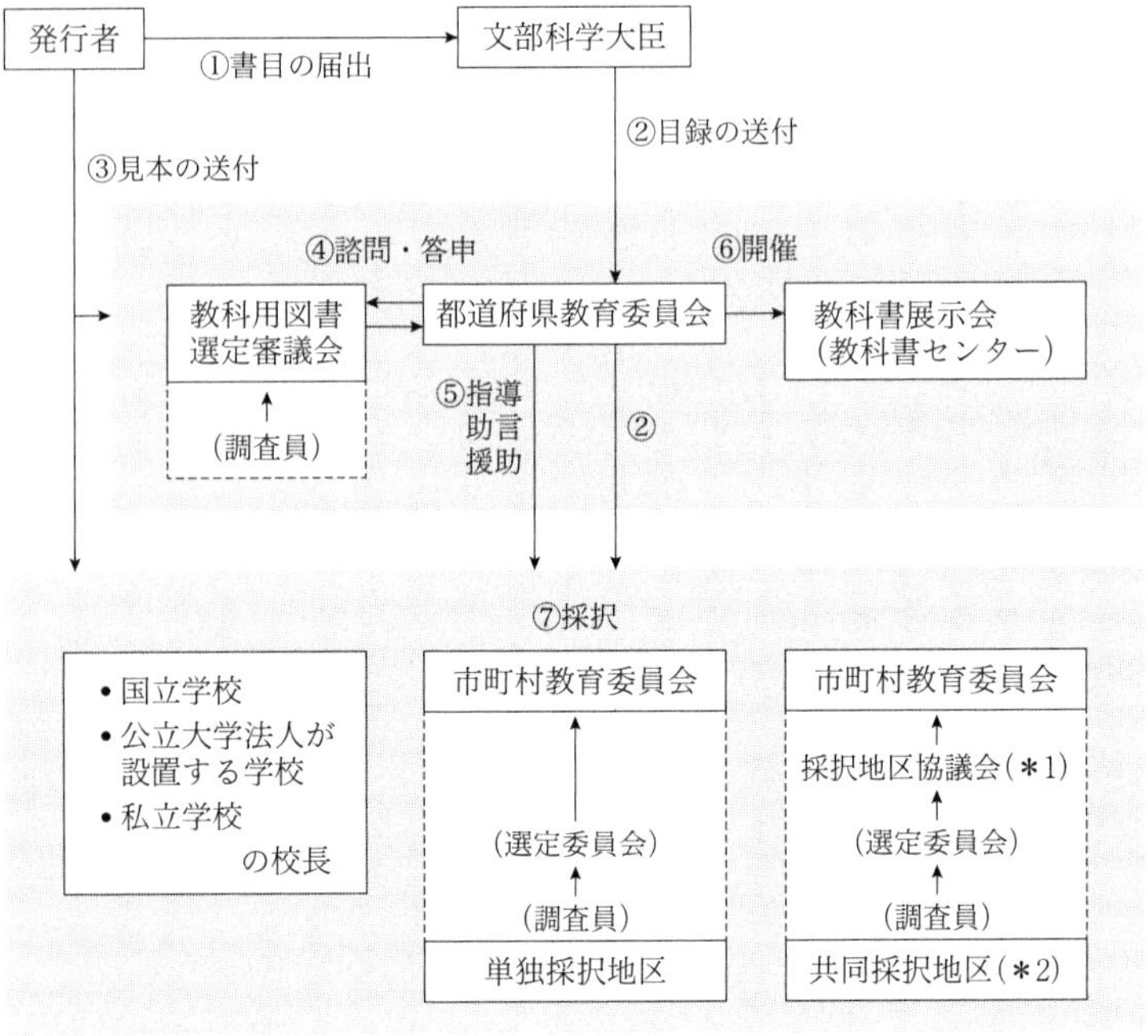


＊1　採択地区協議会は法令上設けなければならないもの．括弧書きの組織等は任意的に設けられるもの．

＊2　共同採択地区は，2以上の市町村から構成される採択地区．

出典：文科省 HP

教科書の採択のしくみ

## 3　新たな／継続する潮流

### 「学び舎」教科書の採用を中止せよ

『映像'17　教育と愛国』を制作した撮影ディスクは本書執筆のため、いまも手元にある。その最初の場面は、私立中学に送りつけられた大量の抗議ハガキだ(本書カバー写真)。「接写」と業界用語で言われる、資料などの被写体から撮影がスタートするのは極めて異例のことだ。大量の抗議ハガキの山は、相手の顔が見えず、得体の知れない不気味さに包まれていた。

その圧力の矛先となった中学生用教科書「学び舎《しゃ》」の『ともに学ぶ　人間の歴史』を知るきっかけは、元教員の知人からたまたま耳にした情報だ。番組の下調べを始めた矢先のことだった。

特定の教科書を狙って抗議ハガキが殺到するのはなぜだろう。その理由を探ってみたいと最初に訪問したのが、超難関で知られる私立麻布中学校(東京都)である。関西出身の私はスマホの地図を片手に約束の時間に間に合うよう学校の正門を目指したが、道路から奥まったところにある正門に気づかず、住宅街に迷い込んだ。立派で目立つ門があるはずと思い込んでいた。ようやく見つけた通用門は閉ざされていて仕方なく学校に電話をすると、中から社会科の教諭が迎えに来てくれた。道に迷ったことを詫び、応接室に通された。

テーブルの上に置かれた大きな紙箱を教諭が開けると、日本軍兵士の写真が印刷されたハガキや手紙がびっしりと詰まっていた。差出人の多くは「ＯＢより」と手書きされていた。手に取って読もうとすると「本校のＯＢは１人もいないと思いますよ。なりすましです」と教諭は話す。ハガキに書かれた文面は同一の書体でまったく同じ。２００枚以上はあるだろうか。言いようのない不気味さが際立っていた（写真）。

この度、御校が採用いたしました「学び舎」の歴史教科書は、日本共産党系の歴史教育者協議会のメンバーである元教員や、現役の教師が執筆した歴史教科書であり、中学生用に唯一、慰安婦問題（事実とは異なる）を記した「反日極左」の教科書であるという情報が入りました。

この「学び舎」の教科書を、将来の日本を担っていく若者たちを養成する有名エリート校がなぜ採択したのでしょうか？

将来性ある若者に反日教育をする目的はなんなのでしょうか？

正しい歴史教育の中から的確な判断のできる人材が育ちます。

「反日極左」の教科書で学んだ生徒が、将来の官僚や政治家、学者、法曹界など、我が国の指導層になるのを黙って見過ごすことはできません。

今からでも遅くはありません。

「学び舎」の歴史教科書の採用を即刻中止することを望みます。

実名で書かれている差出人を確認してゆくと、知っている名前がいくつもあった。あの森友学園前理事長の籠池氏、沖縄で基地反対運動をする人びとを非難する活動家の一家、さらには安倍晋三首相の地元、山口県防府《ほうふ》市の松浦正人市長(取材時)など、右派団体「日本会議」に連なると言える人びとだった。政治的圧力の大波をざぶんと自分もかぶったような息苦しさを覚えた。

麻布中を皮切りに「学び舎」教科書を採択している中学校を取材して回った。いずれも超難関進学校とみなされている私立中学や国立大付属中学ばかりだ。その一つ、兵庫県神戸市東灘区にある灘中学校は採択理由をプリントにまとめていた。プリントの末尾はこう結ばれていた。「この教科書への批判はすべて的外れなものであり、いわれなき中傷である」。

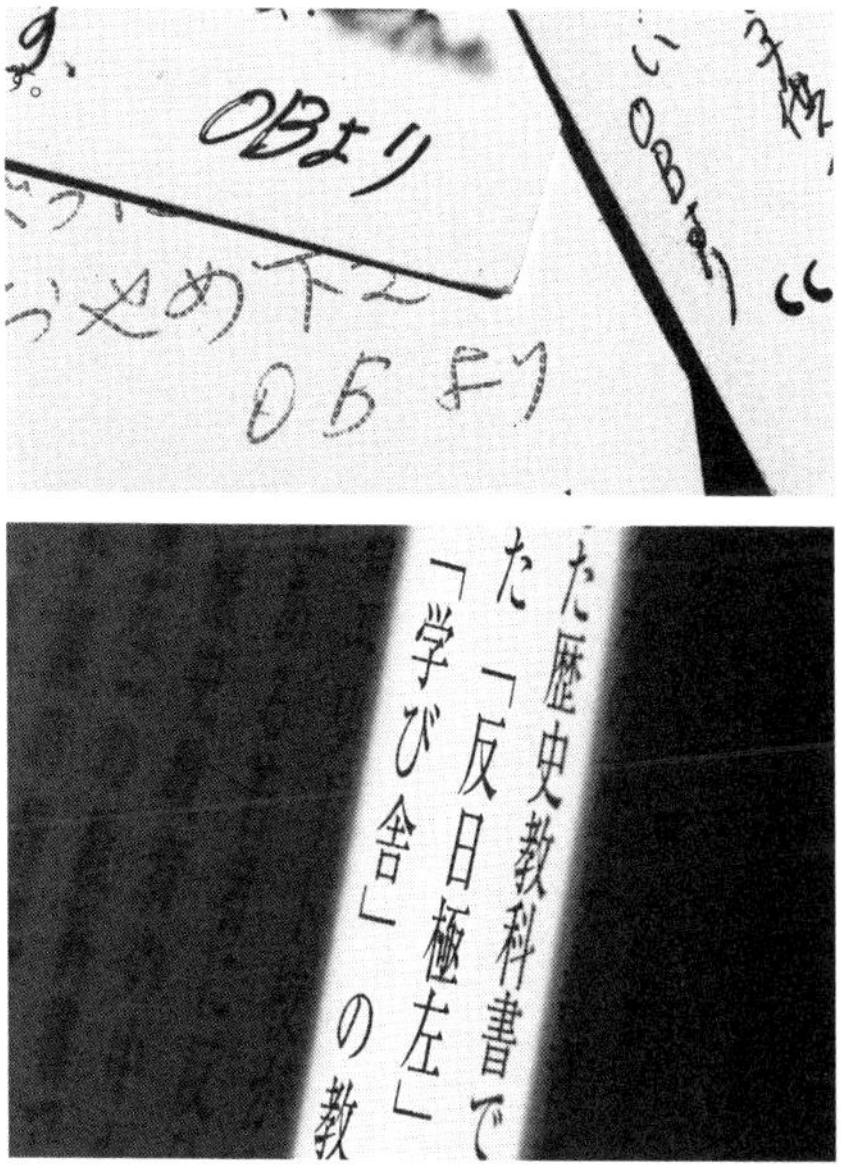


抗議ハガキの文面(2枚とも).

私たちは「学び舎」教科書の特徴を紹介するため、教科書を使った授業を撮影したいといくつもの学校に申し入れたが、いずれも叶わなかった。授業を担当する社会科教諭はOKをくれても、管理職の最終判断で断られたケースもある。社会科教諭は「こんな圧力に屈するのはおかしい」と悔しそうだった。抗議ハガキを撮影のために借りることのできた学校か

「学び舎の教科書で授業をする会」.

らも「校名は絶対に伏せて欲しい」と強く依頼された。どの学校もさらなる標的になることを恐れているようだった。

そこで京都の先生方が中心となり立ち上げた「学び舎の教科書で授業をする会」を取材することにした(写真)。番組後半、「学び舎」教科書への政治圧力を描くパートは、この会で披露された「火おこし」の模擬授業のシーンから始まる。

「カンカン、カンカン」「すごいすごい! 一瞬ですね」「火花が散ればすぐ点きます」

火打石を手に取って火をおこす中学校の先生たち。生徒役の先生たちも身を乗り出して感嘆の声をあげていた。人間は火を使えるようになって、どう進化したのか? 歴史を学ぶにあたって子どもたちに考える姿勢を身につけてもらうために授業で「火おこし」をするのが効果的だと紹介した。

もともと「学び舎」は、「考える歴史」をめざす先生たちが集まり、「子どもと学ぶ歴史教科書の会」を結成

（2010年8月）、これまで現場で培ってきた優れた実践を持ち寄り、5年近くかけて新しく独自に作った中学校の教科書だ（写真）。2015年度の検定に初めて合格。年代順に大きな出来事を並べて暗記させるのではなく、人間の営みを軸にして歴史はどのようにして作られてきたのかをじっくり考えさせて、ときに疑問も湧くように編集されている。

先の灘中学校の採択理由を読むと、この教科書の特徴がよくわかる。「教科書を読んで記憶する、ということに主眼が置かれていない」、「歴史を考察するうえで有効と考えられる史料がふんだんに用いられ（中略）当時を生きた人々の考え方や思考に触れられるものが多い」、「歴史をより立体的に（為政者からの視点だけでないという意味で）捉えることができる」と指摘したうえで、「近年、教育界で声高に叫ばれているアクティブラーニングとは、学習者が主体的に問題を発見し、思考し、解決し、さらにその過程を他の学習者と協働することでより深い学習に到達することを目指すものである。この教科書はまさにアクティブラーニングに適した教材であるのは、上記に述べた特色より自明である」と説明している。

「学び舎」の歴史教科書.

「学び舎」教科書の叙述から、具体的な事例をあげてみよう。たとえば「自由民権運動」を4ページにわたって詳しく説明している。学習指導要領には「自由民権運動、大日本帝国憲法の制定、日清・日露戦争、条約改正などを通して、立憲制の国家が成立して議会政治が始まるとともに、我が国の国際的地位が向上したことを理解させる」(2012年版)とある。まるで時代が猛スピードで走っていくような記述だが、「学び舎」では、藩閥政治からどのような流れで自由民権運動が生まれ、展開されたのかが丁寧に叙述されている。運動の中心となった士族の民権家が発行した新聞の読者として豪農層の存在にも触れ、彼らが情報を流通させるネットワークを築いて繋がっていったことを示すなど、日本が近代へと移行する背景を緻密に描いている。また、全国的な運動となる演説会に女性民権家を登場させて「西日本の各地で演説し、男女同権論を主張した」と錦絵をつけて紹介している。そうした資料の点数においては8社の中で「学び舎」が最多だ。これまでの歴史で多く語られがちだった政治史、男性史からこぼれた「人びと」に注目、とりわけ女性や子どもの存在を多く盛り込むような工夫がなされている。歴史を生き生きと描写し、「続きを読みたくなる教科書」を目指していた。

執筆者の1人、立命館宇治中学校・高等学校の本庄豊教諭は、「学び舎」教科書に込めた思いをこう語った。

「歴史は本来暗記ではなくて、自分で考えたり、いまの時代をどう生きるかみたいな、そういうことが教科書の中で大事なんですけど、どうしても受験中心で覚えることばかり。そうではなくて、子どもたちの目線に立って教材を作っていこうと、学童疎開を見たり、戦争孤児を見たり、ゾウ列車を見たりと。子どもの側に立った教科書という点がとても新しいんじゃないかと思います。子どもたちが読んでわかって、そこから考えてゆく。教科書で完結するのではなく、広がり発展してゆくものにするという方針です。これがなかなか(執筆するうえで)難しかった」

本庄教諭は、子どもの目線というコンセプトについてこうも説明した。

「子どもの目線に立つということは、すなわち一般の民衆の名もなき人たちの立場に立って、特定の権力を握った人間が歴史を動かしたのではなくて、民衆こそが歴史の主人公なんだという、それは子どもの目線と共通する部分だと思いますね」

考える歴史に挑戦した「学び舎」は、いっぽうで中学校の歴史教科書から消えていた日本軍慰安婦の記述を十数年ぶりに復活させた。その扱いは政府の公式見解に沿った内容だ。ところが、この慰安婦問題に言及している点が、今回の抗議の最大の理由として挙げられていた。

「学び舎」の教科書は、全国各地の難関進学校とされる国立、私立の中学校を中心に約40校で採用された。繰り返しになるが、一定のシェアを獲得できたのは、「考え、議論する」という文科省が新たに掲げる教育方針に合致していたからだろう。

ところが、灘や麻布といった有名中学校に次々と不気味なハガキが送りつけられてきた。まず届いたのは、日中戦争時の白黒写真が使われたポストカード。その写真は南京陥落後、日本軍兵士が子どもを手厚く治療するなど、どれも軍隊を美しく描く場面だった。調べてみると、それらのカードは近現代史研究家を自称する水間政憲氏が自身のサイトで「歴史戦ポストカード」40枚セット2000円と宣伝して販売するものだった。水間氏はサイトに「学び舎」教科書を採択した学校名や校長名を列挙し、このポストカードを使って採択阻止を働きかけるよう呼びかけていた。さらに「『OB』が抗議すると有効」だとして「OBとして募金に一切応じないようにします」と添え書きする文案を示し、学校の創設者名も挙げて「○○が泣いています」と各校ごとに異なるお手本の文案まで掲載していた。水間氏は、保守系雑誌『WiLL』(2016年6月号)に、学び舎の教科書を「トンデモ歴史教科書」と批判する記事を寄稿しているが、その記事のコピーをわざわざ学校に送りつけてくる人もいた。

しばらくすると、これらの歴史戦ポストカードとは別に教科書に載せた慰安婦に関する日本政府の談話、つまり「河野談話」は「事実に反する」として抗議し、反日教育はやめろという同じ文面のハガキが次々と学校に送られてきた。全文は前述した通りである。そこに保守的な立場から教育再生を掲げて活動する「教育再生首長会議」の会長、松浦正人防府市長(当時)の名前が手書きされていた(写真)。地元山口で安倍首相と深い関係にある松浦市長。首相官邸を訪問した写真が繰り返し、活動報告誌『青眼』に掲載されていた。

さっそく防府市役所に松浦市長のインタビュー取材をしたいと連絡を入れた。秘書を通じて「教育再生首長会議の会長という立場で教育をテーマに語ってもらいたい」と申し入れたところ、「教育再生首長会議」の総会が近く開催される予定だという。グッドタイミングだった。「総会での取材ならば、東京の事務局担当者に連絡を入れてほしい」と秘書は応答し、連絡先と氏名を教えてくれた。そこでハッと気づかされたのだが、育鵬社の教科書を推奨する「日本教育再生機構」と「教育再生首長会議」は同じ所在地に事務局を置いていて、担当者も同一人物だったのである。調べると、再生機構に事務局を委託しているのだ。

防府市ホームページによれば、「首長会議」は、首長(市区町村長)が相集い、互いに連携し、教育再生施策に知恵を出し合い、教育再生の先導的役割を率先して果たすことを目的に2014年に立ち上げられたという。その立ち上げに奔走したのが松浦市長であり、発足時から2017年の取材時まで会長を務めていた(現会長は野田義和東大阪市長)。2017年の総会には全国の自治体から40人が参加、一定の影響力を発揮していた。

松浦市長の署名があるハガキ.

## 防府市長(当時)・松浦正人氏は語る

松浦市長にインタビューするにあたり、『教育と愛国』の番組名と質問の概略をファックスで事前に伝え、教育再生首長会議会長の立場から道徳・歴史教育について見解を語ってほしいと求める内容にした。そして私たちは彼の名前が入った「学び舎」への抗議ハガキをコピーして取材にのぞんだ。場所は総会会場と同じホテルの一室である。

昭和17(1942)年生まれの松浦市長。教育再生首長会議を立ち上げた経緯について、我が意を得たりといった表情で語り始めた。


「私がいろんなことを悩んだころは民主党政権下ですよね。このままじゃ日本はダメになっちゃうぞと。何から手をつけるんだと。私ども自治体の長としてお国の施策をどうのこうの言える立場じゃないわけですから。そうだ子どもたちだと。子どもたちがしっかりした人間になっていくように我々としてお手伝いできることが絶対にあるんじゃないかと、そういう中で思いを共有する市長たちに声をかけて、2年3年気持ちを温めながら、いろんなことを語り合いながら、それじゃやろうということで」

「志をもった子どもたちを作っていく。教育していくことが教育の一番の目的なんだと。優秀な子どもたちとかお利巧さんな子どもたちとかそんなんじゃなくて、なにくそ負けてたまるかという、志教育をやっていかなくちゃいけない。ちょっといじめられたからって、ぐちゃとなるような、そんなんじゃダメなんで」

「道徳は、当たり前のことでね。大切な徳目なんですね。犬猫じゃないんですから、我々は人間ですからね。人間として必要なことって何なんだということをね、幼いときから教えてやらなきゃいけない。そういうことがなおざりにされているいまの時代だからこそ必要と言わざるを得なくなってきた」

２０１４年、教育委員会制度が抜本的に見直されることになり、地方教育行政法が改正された。自治体の首長が教育目標を掲げて、教育行政に関与することが可能になった。教育と政治の距離がいっそう近くなったことを踏まえて、松浦市長は抱負を語り続けた。

「基礎自治体を預からせていただく者として、教育の分野にも自分たちの思いを入れていくことが可能になったということにおいては、またやりがいもふえてきているわけで。だからいまの教育再生首長会議も所属メンバーが１５０人を超えてきていますし。安倍内閣において教育再生という、もって日本再生という動きがね、時代の動きですから。それに我々も一緒になってやろうじゃないかという方々の集まりです」

「歴史というものはね、民族はじまって以来、ずっとあるわけですから。それを正しく教えていかなければいけないんです。間違ったことを、諸外国がわんわん言っていることをね、はいその通りです、まあ、その話はこっちに置いて未来志向でいきましょう、なんて、そんなことはやっちゃだめですよ」

しばらくして「学び舎」の教科書を使う学校に抗議ハガキを送ったわけを聞いた。

――学び舎の教科書はご存知でいらっしゃいますか？

「学び舎？？　知りません」

――あの、歴史の教科書なんですけれども？

「知りません」

――そうですか。こういうのが（抗議ハガキのコピーを渡して）出ているが……

「あ、教育再生首長会議の松浦として、いろんな方々に正しい教科書を出さなければいけませんよという声をね、発信したものですね、これ。あるでしょうね、これ、私の字ですから」

――それは、発信されていらっしゃる、

「これは発信してますね」

――学び舎教科書は読んでいますか？

「ああ、ああ、この学び舎というこの学校ですか、この会社ですか…まあ、ちょっと偏った事柄が書いてあるという情報は耳にしました」

――読んでらっしゃいますか。

「読んだというか見たという程度でしょうかね」

――表紙を？

「まあ、あの、まあ……これは私の知り合いのとても尊敬する方から、こういうようなことで運動を展開していきたいので、協力してくれませんか、という依頼があったので」

依頼された人物の名前は言えないと明言を避けた。が、抗議ハガキを20〜30通送ったことは認めた。

「う〜ん、圧力として受けとめられる方は受けとめるかもしれませんが、それはもしそうだとしたら、ごめんなさいねって申し上げるしかないですね。圧力を受けたとおっしゃるんならね。受けたとおっしゃるんですか。そうじゃないでしょう。私は圧力をかけようと思って申し上げているわけじゃないんで」

その表情には軽い笑みが含まれていた。

インタビューの中で松浦氏は、安倍首相の政策を称賛する言葉を何度も口にした。

「安倍さんは戦後日本が置き忘れたものを一生懸命に取り返しに行ってらっしゃる。ひとつひとつ丁寧に取り戻しつつあるんです」

そう力説する松浦氏に対し、具体的に何を取り返したのかと尋ねてみると、次のような答えが返ってきた。

「ご先祖さまの名誉もあるでしょうし。先人の名誉やね」、「私はね、たとえば南京大虐殺といわれる事件。私はなかったと思ってますからね。私は。私は親からそういう教育を受けてますから。私の父は明治29(1896)年生まれです」

――でも外務省はあったとしてますけど?

「いえ、ないんじゃないですか。事件として事犯はあったとしても30万人とかの虐殺ということはね。外務省は認めてないと思いますよ」
――そうではなくて…
「事件はあったんです。私の父は内務省の役人をしていたんです。南京大虐殺があった翌日に南京城へ入っているんです。ぼく親父46歳のときの子ですから。その父から私、子どものころから聞いています。絶対にそんな殺してないと。虐殺ではないんです、戦闘だから。日本人も死んでいるわけだから」

取材時間に限りがあり、あえて強く反論せずに聞き流した。「新しい歴史教科書をつくる会」の系統にある保守言論人の主張と符合する「南京虐殺」の否定。だが学術的には虐殺の事実が認められている。国際社会でも日本軍による南京虐殺はあったとされている。たとえ犠牲者の数は論争が続いているにしても。欧米では「南京虐殺はなかった」という説を唱えたとたん、歴史学の否定と見なされる。

「学び舎」への抗議ハガキは組織的な運動の一貫であったことは、松浦市長の証言のみならず、同様にハガキを投函した人の証言からもほぼ間違いない。大阪府内に住む男性は、所属する教科書の会から依頼されたと説明し、こう語った。

「やはり日本古来の歴史があるじゃないですか。子どものころには修身という教科書もありましたからね、その中で教えてもらっていましたから。教育理念がありましたからね、当時の先生には。それがいま全然ないですもんなあ。先生が完全にダメになっていると思います。日教組とかそんなのがあるでしょう。おかしいですよ。教育がしっかりしなければ、大変なことになる」

男性はその後自分は自衛隊との交流があり、そこで出会う隊員の若者たちが素晴らしいと褒めちぎる話を続けるのだった。

## 抗議ハガキ事件の波紋

灘中学校・高等学校の和田孫博校長は一連の動きについてまとめ、同人誌に寄稿、インターネット上に公表していた(『とい』34号2016年9月号)。「謂れのない圧力のなかで——ある教科書の選定について」と題したその文章を番組で一部紹介した。全文はネット検索をすれば読むことができるが、ここに改めて一部抜粋し記しておきたい。

「昨年末にある会合で、自民党の一県会議員から『なぜあの教科書を採用したのか』と詰問された。こちらとしては寝耳に水の抗議でまともに取り合わなかったのだが、年が明けて、本校出身の自民党衆議院議員から電話がかかり、『政府筋からの問い合わせなのだが』と断った上で同様の質問を投げかけてきた。今回は少し心の準備ができていたので、『検定教科書の中から選択しているのになぜ文句が出るのか分かりません。もし教科書に問題があるとすれば、文科省にお話し下さい』と答えた」

政治家からの問い合わせのあと、抗議ハガキが届き始め、さらに産経新聞の一面に「慰安婦記述30

超校採択――学び舎教科書　灘中など理由非公表」という見出しの学び舎教科書を取り上げる記事が掲載されて以降、抗議行動が強まったという。

その産経記事は、「学び舎」という一つの教科書を取り上げるのに1200字を超える特別な扱いで詳報していた。たとえば「文部科学省によると、同社の歴史教科書の採択数は全国で約5700冊（占有率0・5％）。業界では『参入組にとって障壁が特に高い教科書業界では異例の部数』（教科書関係者）」等と受けとめを記した。いっぽうその中身については、「慰安婦に言及する河野談話も取り上げた。当初、申請した教科書では強制連行を強くにじませながら大きく取り上げたが、不合格とされた後、再申請の際に大幅に修正した」、「北朝鮮による日本人拉致事件では各社が特集などで記述を盛り込む中、年表で『北朝鮮から拉致事件被害者の一部が帰国する』とだけ記述している」などと否定的に書いていた。

「謂れなき圧力の中で」は、押し寄せてきた抗議ハガキに触れて次のような描写が続く。

「この葉書は未だに散発的に届いており、総数200枚にも上る。届く度に同じ仮面をかぶった人たちが群れる姿が脳裏に浮かび、うすら寒さを覚えた。（中略）事の発端になる自民党の県会議員や衆議院議員からの問い合わせが気になる。現自民党政権が日本会議を後ろ盾としているとすれば、そちらを通しての圧力と考えられるからだ。ちなみに、県の私学教育課や教育委員会義務教育課、さらには文科省の知り合いに相談したところ、『検定教科書の中から選定委員会で決められているのですから何の問題もありません』とのことであった。そうするとやはり、行政ではなく政治的圧力だと感じざるを得ない」

和田校長はさらに、ノンフィクション作家・評論家の保阪正康氏の著書『昭和史のかたち』(岩波新書、2015年)の第2章「昭和史と正方形――日本型ファシズムの原型」を要約、引用したうえで、こう締めくくっていた。

「現在に当てはめるとどうなるのだろうか。第一辺については、政府による新聞やテレビ放送への圧力が顕在的な問題となっている。第二辺については、政治主導の教育改革が強引に進められている中、今回のように学校教育に対して有形無形の圧力がかかっている。第三辺については、安保法制に関する憲法の拡大解釈が行われるとともに緊急事態法という治安維持法にも似た法律が取り沙汰されている。第四辺に関しては流石に官民挙げてとまではいかないだろうが、ヘイトスピーチを振りかざす民間団体が幅を利かせている。(中略)現憲法下において戦前のような軍国主義やファシズムが復活するとは考えられないが、多様性を否定し一つの考え方しか許されないような閉塞感の強い社会という意味での『正方形』は間もなく完成する、いやひょっとすると既に完成しているのかもしれない」

番組放送後、上記の文章はインターネット上で一気に拡散され、多くの人の目に触れることになった。ジャーナリストの津田大介氏が「全国民必読の文章では。立派な校長だと思う」とツイート。神戸女学院大学名誉教授で思想家の内田樹《たつる》氏も「鬱陶しい事件の経緯を灘の校長先生が淡々と報告されています。ぜひ読んでください」と発信した。

だが、反響が大きかっただけに、その後の乱反射は少なからず混乱をもたらした。灘中・高校に抗議の電話が再び入るようになったのだ。中でも水間氏は和田校長の文章に対し、「私について多数嘘を記述している」、「歴史戦のポストカードは抗議活動ではなく啓蒙活動と認識している」などと反論文をブログに掲載。水間氏がブログ上に残していた記述を引用する形で校長はコラムを執筆していたが、執拗に非難の対象とした。さらには公開質問状をブログにアップし、学校にも直接電話をかけてきて、対応を求めたという。

いっぽう、地元の神戸新聞が8月4日付紙面で、灘OBの盛山正仁《まさひと》衆院議員(比例近畿ブロック)に「圧力をかけたかどうか」を直接取材して報じたことも反響を大きくした。さらに19日付「教科書採択/『圧力』は中立性を脅かす」の見出しで社説も掲載。毎日新聞は8月18日付で「灘中への教科書採択抗議　教育現場をおびやかすな」と、こちらも社説で大きく報じた。

朝日新聞は8月19日付の朝刊で「慰安婦記述の教科書　採択中学へ抗議波紋　灘中校長『圧力感じた』ネット拡散」と見出しを打ち、同じく自民党の盛山議員のコメント「なぜ選んだのかを尋ねただけだ。『政府筋からの問い合わせ』と言ったかどうかは覚えていない」のコメントを挿入、また「昨年4月には、当時の義家弘介・文部科学副大臣が、学び舎の歴史教科書を採択した東京学芸大付属世田谷中を訪れ、教科書採択の『透明性を確保』するよう要請した」と記していた。和田校長のコラムについては「7月末、民放のドキュメンタリー番組で紹介されたことなどを機に、ツイッターなどで広がった」と書いてあった。

ＮＨＫの報道番組「クローズアップ現代＋」（２０１７年9月6日放送）も、「揺れる〝教科書採択〟～教育現場で何が？～」と題して、東京と大阪のディレクターが協力して取材を重ねていた。抗議ハガキを送りつけた複数の政治家や水間氏のインタビューも交えて放送。ＮＨＫらしく慎重にバランスをとって教科書問題を扱っていると感じたが、その後、産経新聞は「『学び舎』教科書採択で抗議はがき　ＮＨＫクローズアップ現代＋が『一方的』報道」と〝反撃〟の記事を掲載した。こうしてさまざまな視点や立場からマスコミの続報が相次いだ。

しばらくして灘の和田校長にお会いすると、「もう取材はこりごりです」と深いため息をついていた。騒動の発端となったのは『教育と愛国』。私たちＭＢＳのせいで多大な迷惑を被ったとはおっしゃらなかったけれど、その思いを多分に含んでいただろう。その後朝礼で和田校長は生徒たちに向けて、自身のコラムをきっかけに「ネットで騒ぎになり迷惑をかけた」と詫びたという。生徒の間からは朗らかな笑いが起きたというから、自由でおおらかな校風を感じた。

加えて、特集記事を組んだ『週刊朝日』によれば、灘・麻布など「抗議があった」とアンケートに答えた7校のすべてが、今後の歴史教科書の採択に「影響することはない」と回答していた。これらの学校は抗議ハガキや電話などの圧力に対し、いずれも冷静に対応したと言える。

ところが、大阪の公立学校の現役教諭の1人が、私にシビアな意見を吐露した。「学び舎」教科書をめぐる一連の事態について、「国立や私立だから対処できているが、公立の校長だったら耐えられない」、「学び舎の教科書の内容は評価されても公立校では採用できない」と嘆いてみせた。つまり公立学校は政治圧力に耐えられないし、校長が毅然とした態度を貫き通すことは困難だと言っているのだ。同じ意見はその後、複数の教諭からも耳にした。「公立学校は政治圧力を前に萎縮が進んでしまっている」と。現場の先生がたはそう実感し、訴えているのだった。

取材中にも思い当たることが起きていた。『教育と愛国』を制作するにあたり、誰もいない教室イメージを撮影する必要に迫られた。大阪市教育委員会に協力を求めたのだがけんもほろろに断られ、飛び込み営業のごとく、とある公立小学校を訪問、初対面の校長に頼み込んだ。すると、番組の企画意図を知ったその校長は腹をくくった表情で、「教室の掲示物を全部外して、校名がわからないようにして協力しましょう」と応じてくれた。大阪市の教科書採択の現状について「現場の声が無視されているんです」とも語った。だが公務員である以上、政治的発言をすることは控えなければならないという。そのような苦渋の立場にある校長が「政治と教育」をテーマとする番組の取材に対して協力姿勢を示してくれた。撮影後、丁重にお礼を言い、複雑な思いを強くした。自由にモノが言えない教育の危機が進行しつつあると感じた。

ちなみにその後、松浦正人防府市長は教科書問題を追うメディアの取材から逃げ回ったらしい。だが番組放送の2カ月後の2017年9月、防府市議会が市長に説明を求める決議案を賛成多数で可決した。その決議は、自民党の石田卓成市議によって提案され、教科書採択をめぐり学校へ抗議ハガキを送りつけたことに対し、「行政に対する不信や議会との信頼関係の悪化、さらには教育現場の混乱を招くものであり、ひいては防府市全体の品位をおとしめるものである」と説明責任を問いただしていた。この決議の2カ月後、松浦氏は次の市長選には出馬しないと表明。しかし議会で再度、説明を求められると、「謝罪するたぐいの話ではない。ハガキの文面は『お願い文』で、『抗議』と受け取られているならば、私の真意を理解されていない」と反論した。2018年6月、5期連続20年務めた松浦市長は、任期満了を迎えて退任した。

## 教科書採択に揺れた町――東京都大田区

「学び舎」教科書の採択をめぐる政治圧力を取材した後、公教育における教科書採択についてさらに考える材料が必要だと思い、歴史教科書の採択で揺れ動いた自治体を取り上げることにした。東京都大田区である。

同区は2011年に中学歴史と公民で育鵬社の教科書を採択した。だが、2015年の採択では、歴史・公民ともに育鵬社からそれ以前に使っていた東京書籍に変更された。教科書採択の権限を持つ教育委員が入れ替えられたためではない。4年間にわたる区民らによる教科書運動が起こり、教育委員に決断を促すような形で、判断がひっくり返ったのだ。

私たちが大田区に出向いた理由は、ふたつあった。ひとつは元教員の北村小夜さん(大田区在住)にインタビュー取材をしたかったからだ。北村さんは90歳を超えてなお市民活動に参加したり、過去に何度も大阪で講演していたが、私は面識がなかった。『戦争は教室から始まる』(現代書館、2008年)という北村さんの著書のタイトルは強く印象に残る。自身が軍国少女として育った体験を踏まえ、「国民が臣民とされた時代の教えである教育勅語は、国民主権の憲法とは相いれない」と語ってきた。

少し横道にそれるが、北村さんのインタビューは番組内で活かすことができず申し訳なく思った。それでも北村さんが見せてくれた1938(昭和13)年当時の授業風景の写真が『教育と愛国』の番組タイトルの文字をコンピューターグラフィックスで黒板に書いてゆく着想に繋がった。北村さんが見せてくれた戦前のその写真の黒板には「擧國一致　熱烈な愛國心」などの文字が大きく書かれていた。北村さんによれば、この授業で学んでいるのは「修身」(道徳)ではなく、国語だという。戦前・戦中の教育の目的は、教育勅語に基づいた愛国的な国民を育てることだったため、国語や算数などの主教科でもこうした学習がさかんになされていたのだ。教育勅語は日本の道徳の基盤になっていると記述する育鵬社の歴史教科書が大田区で採択されることに決まったとき、北村さんは大きな衝撃を受けたと話した。

## 当時の教育委員長の教科書についての考え

育鵬社の歴史と公民の教科書が大田区で初めて採択された2011年、歴史では、教育委員6人のうち5人が、公民では6人のうち4人が育鵬社を支持して採用が決まった。なぜ育鵬社が採択され、しかも4年後には東京書籍に戻ったのか。事情を知る人びとから詳しく話を聞いていくと、採択時は育鵬社採択を推進した当時の教育長の働きかけが奏功し、教育委員の多くが影響されたようだ。その後は、育鵬社を採択したときに他社の教科書に1票を投じた元教育委員長の櫻井光政弁護士の存在と、その後の市民運動の力が大きいと感じた。

櫻井弁護士は教育委員を退任してまもない2012年5月、市民集会で講演を行っている。その講演録の冊子を大田区の元教員からいただいた。タイトルに「社会科教科書採択にあたって私が考えたこと」とあるように、櫻井弁護士は退任してから教科書についてより深く考えるようになり、そのことを率直に区民に伝えたことが契機となり、草の根運動が広がりを見せたようだ。歴史の捉え方の違いをもっと区民に知ってほしいと櫻井弁護士は考えたという。

50ページほどのその講演録の冊子を読んだ私は、目から鱗が落ちるようだった。たとえば櫻井氏は、「中学教科書を選ぶに際しての私の意識」として以下の4つを挙げている。

・生きていくのに必要な知恵を身につけてほしい
・豊かな知識で人生の彩りを豊かにしてほしい
・きちんとしたエリートが育ってほしい
・明日の主権者を育てる仕事→将来の国の進路を誤らせない

教科書採択の視点について「何が歴史を動かしたのかを観察し、今後どのように歴史を作って行くかに役立てる。特に、誤りはなぜ起きたかをきちんと分析することが必要」とする。「学問である以上科学的な見方が必要である。最新の研究の成果が現れているか」との着目点にも目が留まった。すぐに櫻井氏へ取材を依頼、講演同様に教科書における歴史の捉え方の違いをインタビューで語ってもらうことになった(次頁の写真)。たとえば、大和朝廷の記述をこんなふうに解説する。

「育鵬社のほうは、前方後方墳、大きな古墳などは大和朝廷の力の強さを示しています。そして、ひときわ、大きな力を持つ大君や豪族がいたことをこれは示している、大和地方を基盤とし

大田区で教育委員長を務めた櫻井光政氏.

て作られた大王を中心とする政権を大和朝廷、大和政権と呼びますと、こういう書き方をしてありますね。こちらの帝国書院の教科書ですと、当時の先進国であった朝鮮のほうから鉄の延べ板を持ってきて、日本はまだ精錬の技術、鉄の精錬の技術がほとんどなかったんですね。大和は鉄を持っているんだということで、他の豪族たちはそこと同盟を結ぶことで力をつけていく。そういう感じで統一していったんですね。先進国と通じたところが周りを支配していくプロセスがよくわかる」

このように歴史叙述のひとつひとつを丁寧に比較し、歴史の捉え方を説明してゆく。

他にも「民本主義」を育鵬社が何と書いているかといえば、「吉野作造は民本主義を唱え、選挙で多数を占めた政党が内閣を組織すること(政党政治)が大切であると主張しました」とあるが、なぜ民本主義なのかはわからない。いっぽう帝国書院では、「これは、主権がどこにあっても、民衆の考えにもとづき、政党の議会を中心に政治を行おうとするものでした」という紹介になっている。なぜ民主主義ではなく、「民本」かと言えば、当時は民主と言ったとたん天皇の主権を否定することになり、不敬となる。そこで主権が君主にあったとしても、民衆の考えに基づいて、政党や議会を中心に政治を行っていく民本主義と記述している時代背景を学ばせることが大事だと説明した。

さらに沖縄戦についての解説は、その通りだと膝を打ちたくなった。豊見城《とみぐすく》の海軍壕で自決した大田実少将が残した電文「沖縄県民はかく戦えり。県民に対し後世、特別のご高配を賜らんことを」を引用し、県民が悲惨な状況に耐え献身的に働いて、軍人も立派に沖縄の人たちのことを考えていた、という育鵬社の文脈に対し、帝国書院は「実際は命令が残っていたために被害が拡大した」と指摘し、その記述内容を対比してみせる。どちらのエピソードも嘘ではない。ただ、「最後まで戦え」という命令を残して自決する行為は、軍人が自らの美学に殉ずるのはよいが、残った者の命、ましてや兵士ではない者の命をどう守るのかに思いを致せていない、それは指導者の資質として厳しく批判されなければならないと。たくさんの死ななくてもよい命を失ってしまった。そのことの重みを学ぶのが、「歴史」であり、「教科書の役割」だと櫻井氏は強調した。

櫻井弁護士の話はまるで、歴史を考えるうえでの手がかりとなる授業のようで、思わず引き込まれた。こんな歴史教育を学校で受けていたら歴史が大好きになったかもしれない。さらに「どうも日本のほうに理がないときに、わかりにくい書き方になる特徴がある」と育鵬社の歴史の記述の傾向について指摘していた。

大田区では教科書に関する市民主催の学習会が頻繁に開かれるようになった。教員OBや保護者が中心となり、3つの団体が連携するように活動したそうだ。高校の受験に備えるという面でも検討がなされた。また市民たちは教育委員に対しては批判するのではなく、ソフトに働きかけるというスタンスを貫いたという。4年後の2015年教科書採択では、教育委員6人のうち4人が育鵬社以外の歴史・公民教科書を選び、元の教科書の採用が決まった。地域の人たち自らが学んで選ぼうとした動きが教育委員の背中を押したと言えるかもしれない、櫻井弁護士はこう語った。

「思想信条を問わず、教材としてどちらの教科書が優れているか、というところの観点を、割と多く比較検討したつもりなんですね。少ない教材の中で、教科書を読むと力がつくというような評価になってほしいなと思うんです。だからそういう意味でもレベルの高い教科書っていうのは、僕は自分が教育委員のときは、やはり教科書を見るときに、できる子だけが分かる教科書ではダメなんだけれど、できる子が、この教科書を使って勉強しようと思ったときに、かなりのところまで連れて行ってくれる教科書がいいなって思うもんですから。学問的な深さとか、そういうのは大事だなというふうに思いました」

講演録の冊子のあとがきは、次の文章で締めくくられている。

「最近近隣諸国でのナショナリズムの高揚を感じます。これに対しては冷静な対応こそ望まれるのであって、我が国がナショナリズムの高揚をもってこれに対抗するのは賢明な態度ではありません。

近隣諸国を侵略した過去を持つ我が国であれば、誠実かつ忍耐強く平和への努力を続けることこそか、現代を生きる日本人の誇りとすべきことだという視点が特に重要な時代になって来ているように思います」

## 政治家と教科書採択

教科書はいったい誰のものだろうか。教科書は本来、子どもたちが使い、学びやすいように学校単位で採択されるべきものだと私は考える。目の前の子どもに適した教科書、「明日の主権者を育てる」ために先生たちが選ぶ教科書。そうあってほしいと櫻井弁護士のインタビュー取材を終えて思いを強くした。それぞれの地域の特性に沿った教科書が必要であると思う。しかし、政治家らが後押しする教科書採択の波が押し寄せている。私たちからはふだん見えない水面下で。

事例はいくつもある。一つは、首長がいかに教科書採択の権限を手中にしたいと考えているかがわかる動きだ。特定の教科書採択を阻止しようとする抗議ハガキを学校に送付した前防府市長ら100人以上が加盟する「教育再生首長会議」は、教育委員会制度が見直された法改正後、文科省の初等中等教育局長らを呼びつけたという。各自治体で首長と教育委員会が教育目標を協議する「総合教育会議」で教科書も決められるようにできないか、と迫っていたというのだ。文科省側は2〜3人で「首長会議」の事務所に何度も出向いたという。当時の局長は、のちに天下り問題で引責辞任する前川喜平元事務次官。前川氏自身が、呼び出され問い詰められたと証言する。詳細は前川氏のインタビュー(第7章)の中で後述するが、文科省側は「教科書採択は教育委員会の専権事項です」と繰り返し説明した。

それでも、教科書採択への政治的な働きかけは続く。中学校の道徳教科書に新規参入した「日本教科書」が2018年1月、「教育再生首長会議」で「御案内」と資料を配布した。市長各位に宛てた案内文書の差出人は、上段に「顧問　八木秀次」、下段に「代表取締役社長　武田義輝」とある。「日本教科書」はそのホームページによれば、2016年4月に設立された道徳専門の新しい教科書会社で、元教員の白木みどり金沢工業大学教授が監修者と紹介されている。八木氏は何度も触れたように「育鵬社」を推奨する「日本教育再生機構」の理事長だ。さらに武田氏は、ヘイト本と言われる『マンガ嫌韓流』やヘイトスピーチ団体代表が書いた著書を出版する「晋遊舎《しんゆうしゃ》」の代表者である。「日本教科書」の登記簿住所はこの「晋遊舎」と同一で、当初は八木氏が社長に就任していた。

中学校の道徳教科書の採択を前にして「教育再生首長会議」に参加する市長らに配られた「御案内」。少々長くなるが、次のような内容だ。

弊社は、来年度から始まる道徳の教科化に伴い、新たに設立した教科書会社です。道徳の教科化を真に子供たちにとって意義あるものにするためには、「主たる教材」である教科書の内容が充実したものでなければなりません。この戦後はじめての機会に、自分たちで最高の道徳教科書を作り、多くの子供たちに届けたい――こうした強い思いから立ち上げた次第です。

市長が主催をする総合教育会議では教科書採択の方針などについて議論することができるとされています。つきましては、弊社に関する資料を同封致しましたのでぜひご覧ください。

あわせて、市長、教育長、教育委員の皆様に、直接ご説明の機会をおつくり頂きたく、ご検討賜りたいと存じております。

手っ取り早い営業活動と言える。検定や採択期間中に市町村首長らに対しこのような働きかけがなされていたという。

また「教育再生首長会議」をめぐっては、沖縄タイムスが2018年7月15日付記事でスクープを放った。「育鵬社支援団体に自治体の公費」と見出しを打ち、同「首長会議」に参加しているすべての自治体が公費でその会費などを納め、その資金の大半が「日本教育再生機構」に流れていることを突き止めた。事務局委託金として2014年度から3年間に計約1220万円が支払われ、その額は「首長会議」の年間収入の7割程度に相当する額で、「日本教育再生機構」のスタッフ人件費などに充てられているという。「結果的に特定の保守系教科書の支援団体に流れている形で、公費支出の妥当性が問われそうだ」と記事は問題提起していた。

現在、東大阪市の野田市長が「首長会議」の会長を務めているが、事務局会費が特定団体に流れていることを議会で問われ、「事務局の実態について何も知らない」と答弁した。移転した先の新しい事務局に関してもまったく知らないという。その所在地は、マンションの一室にある民間の私書箱で、振り込め詐欺の送付先として使われていたこともある住所であると市議から指摘されている。これは公金の不正支出ではないのかと訴える市民たちが2019年3月、公金支出の返還を求めて住民監査請求を起こしている。

安倍政権が掲げる「教育再生」に連動し、特定の教科書採択を促進させたり、あるいは首長が採択に対し積極的に意見を述べるよう後押しすることが彼らの狙いかもしれない。仮に政治主導によって、どの教科書を使うかが決められることになれば、教科書会社がその記述内容において自由度を失ってゆくことは間違いないだろう。

## 番組への反響から

ドキュメンタリー番組『映像'17 教育と愛国』への反響は大きく、さまざまな意見が視聴者から寄せられた。いくつか紹介しておきたい。

「私自身、生まれ育った日本国への愛国心は強い方だと思っているが、日本の歴史については、日本にとって良いことも悪いことも、その真実の歴史を知りたいと思っている。もし慰安婦問題が事実であるのならば、それを教科書に掲載することはやむを得ないと思うし、沖縄の集団自決に関しても、実体験された沖縄の方々を逆撫でするような教科書への記載は避けるべきと思う。日本にとって不都合な事実であるならば、それを隠そうとしたり、事実を歪曲しようとする表現や行動は、愛国でもなんでもなく、同じ歴史の繰り返しになってしまうように思えてならない。戦争という愚かな歴史を繰り返さないような教育こそを実現して欲しいと願ってやまない」(54歳)

「番組を見て感じたことは、日本という国は自由なようで、とても閉鎖的で多様性が認められない国だということです。教科書の中でパン屋が和菓子屋に変えられたことがまさにそれを象徴しており、偏った愛国心のようなものを押し付ける傾向にあると感じます。今はグローバルな時代なので、様々

な価値観や考え方を認めることが教育の現場でも必要だと思います。何だか窮屈な時代になったような気がします」(34歳)

続編を望む声もあった。

「昨今の日本では、『政治が教育に圧力をかけて何が悪い』『政治が教育にしっかり介入して正していくべき』というような風潮も出始めているように感じるので、海外の情勢も取り上げることで、教科書検定が行われていることの特殊性、また『抗議ハガキ運動』の異常性を描いて欲しい」(29歳)

また、大学の講義などで番組DVDが教材として視聴されているようだ。学生さんたちの感想を伝えてくれる教員も少なくない。

「『和菓子』を推すぐらいなら給食で食わせてからにしろよ、と思った。宣伝しておきながら、それを食べさせないなんて嫌がらせだろうと思った。自分達の意見にそぐわないものを『力』で抑えつけることは、長い目で見てみると逆に全体にとって不利益につながることを分かって欲しいと思った」

「教科書に書かれていることは全く疑ってこなかったし、信じきっていた。また、教科書に書かれていることさえ学べばそれでいいのだと思っていた。しかし、今日のビデオを見てそれは全く違うことだったと初めてわかった」

「近年『愛国』という言葉に良いイメージを感じない。むしろどこか気味悪さを感じてしまう。日本や政府を支持するあまり、都合の悪いことには目を瞑っている気がしてならないのだ。これは本当に危険だ。例えば『慰安婦問題』に関しても、私は詳しいことは分からないが、右翼は『無かった』として信じきっている。それを『あった』とする日本人学者もいるにもかかわらず、彼らはそういう人たちを一斉に『左翼』として攻撃する。事実は分からないが、日本に都合のいい歴史だけを教えるのは果たして愛国なのだろうか」

「ビデオで垣間見えた日本書籍の慰安婦についての文章も、数ページにわたるような記述ではなく、高々数行の記述であり、ここに編集者の反日的悪意が潜んでいるとも考えにくい。ゆえに、抗議を起こす前に、一度色眼鏡を外すことを検討していただきたく思う」

## 大阪市での「教科書に関するアンケート」

42頁でもふれたように、2015年8月5日、大阪市教育委員会は「育鵬社」の歴史と公民教科書を採択することを決めた。市役所の外では、「育鵬社を採択するな！」と横断幕を掲げる元教員らがシュプレヒコールを上げていた。教育委員会会議で採択した理由について、教育委員はこう述べた。

**西村和雄委員**　「育鵬社も今までも出ましたが、人の登場のされ方に工夫がみられる。記述内容が理解しやすい」

**帯野久美子委員**　「公民という馴染みにくい教科をわかりやすく解説しているのが、日文（日本文教出版）と育鵬社であると感じました」

**大森不二雄委員長**　「そのあたりの文章全体を読んでいただければ、育鵬社の教科書が一色に染まっているということではない」

会見して反対する市民団体　「この教科書が使われることによって、大阪でこれまで積極的に進められてきたような教育がつぶれていくのではないか」

副教材として別の教科書も使用する方針が決まった。

この採択を前に、大阪ではある異変が起きていた。大阪市内の区役所ごとに教科書に関するアンケート用紙が置かれていた。誰でも自由に投函できるようになっていたそのアンケートに、似たような意見が多く記されていたのだ。

そのカラクリは、のちに明らかになる。経営者側から特定思想を押し付けられたと1人の女性が教科書採択をめぐる事前運動を告発し、精神的苦痛を受けたと訴訟を起こしたのだ。大阪に本社を置く民間企業「フジ住宅」が社員全員に呼びかけてアンケートに記入させていた。社員に配られた「アンケート記入例」にはお手本が明示されている。たとえば、こんなふうだ。

「東京書籍×　小学校社会6年(上)P133ですが、戦争と朝鮮の人々というところに多数の朝鮮人や中国人を強制的に日本へ連れてきて工場や鉱山などでひどい条件下で厳しい労働をさせた。という記載があります。しかしシナ人は日本に仕事を求めて賃金を貰う労働者として働きに来ていました。自分の意思で来たのですから、強制したというのは嘘です。嘘を平気で書くような教科書で子供達を絶対に教えてほしくないです」

「価値観が多様化する今だからこそ、道徳教育の役割が大きいと思います」

「『はじめての道徳教科書』という本があります。素晴らしい内容で感銘を受ける本です。(中略)各学校で取り入れてほしいです」

ちなみに『はじめての道徳教科書』は育鵬社の出版物で、上智大学の渡部昇一名誉教授を代表世話人とする「道徳教育をすすめる有識者の会」(2008年8月発足)が、日本が誇る偉人伝をもとに作成している。さらにこんな〝記入例〟もあった。

「自虐教育をするような教科書の採用は絶対止めてほしい。日本人として自信と誇りを持てるような教科書にしてほしい、と近所の親御さん達も仰っています」

育鵬社社員が、「数多く記入すれば、採択される可能性が高くなる」と大阪の企業に情報提供していたことがわかった。育鵬社は「担当者がアンケートについて案内した事実はあるが、社として動員のお願いなどはしていない」とコメントしている。

大阪ではこのときすでに「橋下劇場」が幕を開けていた。2008年1月、自民党が出馬を要請した橋下徹氏が、府知事選挙で圧勝した。思えば府知事選当時の公約は「子どもが笑う大阪」であった。

次章以降では大阪発の教育改革の実態とその後の行方について触れ、政治が過度に教育へ介入を続けていくならば、その先にあるという教育の「再生」とは何を意味するのかを掘り下げてみたい。

# II

# 先鋭化する〈政治と教育〉

## ――大阪でいま起こっていること――

大阪府庁舎.

……教育行政からあまりに政治が遠ざけられ、教育に民意が十分に反映されてこなかった結果生じた不均等な役割分担を改善し……

定員割れの学校を潰すってほんま?

……先生の口元をビデオで撮ってください。条例を守れ。

……現場にはなにも知らされず、驚くようなことをよく新聞で知る。どう捉えるべきか? 経験30年の教育のプロが手も足も出ん。

## 4　大阪の「教育基本条例案」とアメリカ流教育改革

『映像'17　教育と愛国』を制作した動機の一つは、戦後教育の最大の転換点ともいえる道徳の教科復活だったが、もう一つ大きな理由がある。それは30年近く大阪の教育現場を見つめてきて、様変わりした教育のいまを伝えたいという強い思いだ。

ありていに言えば2008年以降、大阪府知事から市長に鞍替えし、約8年にわたり行政トップを務めた橋下徹氏が、大阪の教育環境をがらりと変えた。氏が教育をいわば「政治の道具の一つ」にしたと感じるのは私1人ではないだろう。

2014年に教育委員会制度を見直す地方教育行政法の改正案が可決成立したとき、橋下氏は「大阪がやっていることに全国が追いついてくれるのはありがたい。戦後、指一本触れられなかった教育制度が、やっと動いた」(6月13日)とコメントし、安倍政権を高く評価した。

知事就任当初から「クソ教育委員会」と激しい言葉を浴びせ、教育に対する世間の関心を呼び寄せる効果をもたらしたが、いっぽうで公教育や教員への不信感を喚起し、独立行政機関である教育委員会の土台を大きく揺さぶった。

あの「教育再生首長会議」の原点も、大阪にある。教育委員長と教育長を一本化する地方教育行政法改正の可決成立と同時期に設立された「首長会議」は、いわば大阪での改革の大波に乗ろうと、政治主導の教育改革を目指したと言える。当時、文科省初等中等教育局長だった前川喜平元事務次官も同じように捉えていた。教育への政治的介入は、まさに大阪から始まったのである。

こうした流れを、あの夏の出来事から振り返りたい。大阪の現場を取材してきた中で、最大級の衝撃を受けたのは2011年夏の「教育基本条例案」である。空前絶後の大胆な改革案が、橋下氏率いる大阪維新の会の議員らから府議会に提案されたのだった。橋下維新が推進する「教育改革」を実践するための「条例案」である。

## 教育基本条例案の激震

この条例をめぐり、「政治と教育」の対決が始まった。

大阪維新の会府議団総室で行われた9月16日「教育基本条例に関する意見交換会」の議事録を読み返すと、府教委事務局が維新府議らに真っ向から対峙、火花を散らす様相がありありとよみがえる。出席者は当時まだ府議会議員だった松井一郎氏ら維新の議員45人と、中西正人教育長をはじめとする府教委12人。松井氏と中西氏の2人を中心に丁々発止のやりとりを一部抜粋して再現するが、その前に「教育基本条例」の原案について簡潔に述べておきたい。柱は3つあった。1点目はその前文で「グローバル人材の育成」「激化する国際競争に対応」すると大きな目標に掲げたように、市場原理を教育現場に注入し、社会で勝ち抜く子どもを育てようという理念だったこと。2点目は学力テストの学校別結果を公表し、学校間競争を促すとともに、3年連続定員割れとなった府立高校は廃校するとしていたこと。3点目は、教員に対し新たな人事評価(相対評価)を導入、最低ランクの教員を作り、免職対象にしようとしたことだった。激しいやりとりを再録すると、以下の通りである。

**松井議員**「では、中西教育長から挨拶いただくとともに、条例案に対するご意見をお願いする」

**中西教育長**「この条例は、府の教育行政はもちろん、学校現場に及ぼす影響が非常に大きいと思っている。ご提案のすべてを否定するものではない。そうはいっても、条例で『一つの答え』に決め打ちしてしまうことのマイナス影響は計り知れないと思う。現実に合致しないものを、画一的に実施するようなことがあれば、最大の被害を受けるのは子どもたちであり、そうした観点から、私が特に懸念していることを3点申し述べる」

(中西氏は、学校現場、特に府立高校への悪影響/人材確保と学校組織への悪影響/学力テストの学校別結果公表の問題点の3点を挙げ、それぞれについて詳細な意見を述べる)

**松井議員**「条例は最高規律。我々としてはどなたが知事になろうとも、児童生徒、子どもたちのために方向性を間違わない規律というものが必要だと思うが、その辺りはどうか?」

**中西教育長**「私から言わせれば逆。この間、橋下知事になってから取り組んだことを活かして、伸ばそうとすることと、条例を作ることは逆。条例を作ってしまえば、この間の努力・成果は無駄になる」

**松井議員**「我々も、この間の努力や成果は認めている。しかし、そのことをしっかりとルール化していくということについての考えは?」

**中西教育長**　「条例は、この間の取組みのルール化にはならない。例えば、学力向上に関しては、市町村と力を合わせてやっているが、それを直ちに学校別結果の公表を行ってしまうと、取り返しのつかないマイナスの影響を及ぼす。市町村の協力も得られない。私はそんなことは絶対に避けていただきたい」

**松井議員**　「教育現場のあり方はこうあるべきだということ、ルール化するということについてどう考えているのか、ということ」、「それは教育目標を設定する際に、知事と教育委員が協議、議論する。お互い納得して決めた目標について努力したが、達成できなければ、何が悪いのか考える必要があり、組織が悪い、人が悪いということであるならば、（教育委員を）交代してもらうのは当然のこと」

**中西教育長**　「それは人間の気持ち・感情を全く理解されない議論だと思う。今朝の教育委員会会議では、私以外の5人の教育委員からは、辞任したいという声がでた。それは懸命に努力してきた中で、罷免ということを条例化される。頭ごなしに学校別結果を公表するという。府立高校についても、定員割れが3年続いたら条件抜きの廃校だと。そんなことを決められることが、この間やってきたことのルール化か？　全く違う」

**松井議員**　「感覚の差である」

**中西教育長**　「感覚の差じゃない」

**松井議員**　「ルール化は必要であるということは、それでいいのか？」

**中西教育長**　「この間、教育委員会として『知事の言いなりになりすぎ』とか『主体性を持て』と批判されたことはたくさんあるが、『知事や政治を遠ざけている』と言われたことは一度もない。それだけ真剣な議論を一緒にやってきているし、それをルール化されることは何ら問題ないが、それとこの条例の内容には落差がありすぎる」

『映像'17 教育と愛国』に登場する「日本教育再生機構」主催の「教育再生民間タウンミーティングin大阪」(2012年2月)は、この教育基本条例案に対して府教委がブレーキとなる対案を作り上げて攻防を繰り広げる最中、安倍氏とそのブレインである同機構の八木秀次理事長、ダブル選挙で大阪府知事になった松井一郎氏が意見を交わし条例可決へ機運を高めようとする決起集会だった(39頁)。翌日から2月府議会が始まろうとしていた。このタウンミーティングで安倍氏が「政治介入を宣言」するかのような発言を行い、その発言が同機構の機関誌では修正されていたことはすでに述べた通りだ。

このときの八木理事長と松井知事、安倍氏の3人が教育条例をどのように語ったかと言えば、その主張はある意味、終始一貫している。

**八木氏** 「最初に維新の会が作成した、この原案の前文におそらく条例を制定した思いが語られているように思います。そこを読み上げると『……教育行政からあまりに政治が遠ざけられ、教育に民意が十分に反映されてこなかった結果生じた不均等な役割分担を改善し、政治が適切に教育行政における役割を果たし、民の力が確実に教育行政に及ばなければならない』、これに尽きると思いますけれども、教育の『政治的中立性』の名の下に、例えば、知事や市長が選挙で候補者が『わが町の教育を良くします』とこういうふうに公約して当選したとします。しかし当選しても、首長がそれを実現するには、何段階も(壁が)あるんです。すなわち首長が選ばれた『民意』がなかなかその教育行政には反映されないという仕組みがあると。こういう現実があって、それに風穴を開けたいということでしょうか?」

**松井氏**「そうですね。教育の目標や目的は教育委員会が作ることになっています、いままでは。我々はこれを、知事や首長が目的を定めるというふうに条例に(盛り込んだ)、もちろん教育委員会と協議します。議論はします。どうしても最終的に話がまとまらない場合は、知事がその目標を定めて、その目標に則った『教育振興基本計画』なるものを定めようというのが、この条例の趣旨なんです」

**安倍氏**「教育基本法を改正したことはつまり、日本が占領時代にさまざまな仕組みが出来上がりました。憲法もそうですし(旧)教育基本法もそうですね。そうした制度の中において培われてきた精神、これらを含めて、私は『戦後レジーム(旧体制)』とこう言っているわけでありますけれど、この『戦後レジーム』から脱却をしなければ、日本は真の独立を手に入れることができない、私のこれが信念であります」、「古い基本法は、一条から十一条までしかない法律であります。確かにさっと読めば、なかなか立派なことも書いてあるんですが、そこから日本の教育基本法であると、日本の香りがまったくしてこないんですね。まるで地球市民を作るような、そんな基本法であったわけでございますが、これは変えて(新・教育基本法は)人格の完成とともに日本人というアイデンティティーを備えた国民を作ることを『教育の目的』に掲げて、そして『教育の目標』の一丁目一番地に『道徳心を培う』と書きました。そしてその後、伝統と文化を尊重し、そして郷土愛、愛国心を涵養していくということを書き込むことができたわけであります」

新・教育基本法と大阪の条例は方向性が一致している、この条例が岩盤のような〝戦後体制〟を崩していく役割を担ってほしいと安倍氏が語り、その発言を受けて教育条例は「戦後レジームからの脱却」の大阪版だと八木氏が持ち上げた。当時MBSの夕方ニュースは「安倍元首相　条例案に大筋で賛同」との見出しで報じた。

実はこの集会の前日、自民党議員の間で、八木秀次氏によるレクチャーメモが回っていたという。そこには「老獪な教育委員会の寝技によって教育基本条例の原案が異質なものに変質させられようとしている」などと問題点が列挙されていた。年明けに対案を固めたばかりの府教委はこれを知り、揺り戻しがやってくるのではないかと警戒を強めたという。

中西教育長が「一つの方向に決め打ちするリスク」に懸念を示したのに対し、維新側はまさに教育目標の方向性を政治的に決める制度を構築しようとしていた。その方向性の先に愛国が重なり合っていることが奇しくも安倍氏の発言から見て取れる。

そして翌3月「教育基本条例案」は、府教委の対案をもとにした知事提案というふたつの条例に姿を変えて可決成立することになる。

府内の学校に大きな衝撃をもたらしたこの教育基本条例に関する議論が始まった直後、私は大阪府立西淀川高校で文化祭の取り組みを取材していた。生徒の6割以上がひとり親家庭に育ち、生活保護受給家庭も少なくない。関西で言うところの「しんどい学校」、困難校と言われる学校だ。中学校で不登校だった生徒が入学を希望するケースもあり、学び直しや中途退学をくい止める対策もとられていたが、毎年定員割れを起こしていた。しかし、出会った生徒たちは学校生活を楽しんでいる様子だった。

文化祭の舞台でクラスの演舞を披露しようと熱心に練習に取り組んでいた男子生徒の言葉が、私の心を掻き乱した。彼はこう言ったのだ。「定員割れの学校を潰すってほんま? 俺たちの学校をいらんっていうことは、俺たちもいらんってことやろ」。公教育の中で、自分たちの存在は必要とされていない、そう感じている生徒を前にして、この条例案の出発点であろう本質に目を見開かされた。憂いに満ちた彼の表情を思い出す。彼は直観的に政治家が求めている「人材」の枠組みから自分たちが排除されていることを鋭く嗅ぎ取ったのだ。

## アメリカの公教育の危機を伝える

その後、アメリカの教育現場を緊急取材する企画書を書くことになる。知事と市長時代を通し橋下氏が目指そうとしたその教育改革が、10年前にスタートしたアメリカ流の教育改革の政策に酷似していると考えたからだ。その改革によってアメリカの公教育が崩壊の一途をたどり、行き場のない子どもたちが増えているという。

民間航空機がハイジャックされて高層ビルに激突、全米を震撼させた同時多発テロ事件発生の翌年(2002年)にブッシュ大統領(当時)が、愛国心の高まりを受けて導入した「No Child Left Behind Act(落ちこぼれゼロ法)」に注目した。「教育こそ将来の国の競争力を高める」と謳い、人種による学力格差をなくすことを狙ったものだったが、全米で小中学生に一斉テストを義務づけ、テストの成績で学校や生徒たちを競争させたうえで、教員ランキングを発表、成績が上がらない学校は教員を入れ替えたり、廃校にするなど大胆な改革を推進していた。「ダメ教師切り」で公立校を整理縮小し、民営化を急速に進める改革者の教育長が歓迎され、教育委員会をいわば乗っ取る事態も招いていた。

2012年1月24日、私たち取材クルーはニューヨークに降り立った。直前まで現地との連絡や準備に追われて疲労困憊だったせいか、その日の天候すら思い出せない。それからわずか8日間の滞在で、1500キロをすべて車で移動しつつ、ニューヨーク、ワシントン、バージニアの公立学校などを駆けめぐった。

こうしてアメリカにおける公教育の崩壊を伝える特集を2012年2月16日と17日の2回に分けて夕方のニュース番組『VOICE』で放送した。特集タイトルは「米国流教育改革の落とし穴〜橋下教育改革の未来図」。この特集の肝となったのは、この「落ちこぼれゼロ法」の導入に関わった著名な教育学者、ニューヨーク大学のダイアン・ラヴィッチ教授(当時)のインタビューである。

インタビューの依頼の際に作成した書面が、未整理で放置していた紙袋の中からやっと見つかった。改めて読むと、切迫した気分で書いたことがわかる長文だ。

「大阪では先月、教育改革を掲げた知事と市長が選挙に圧勝し、教育条例が可決されようとしています。大阪の子どもたちは全国学力テストの成績から、これまで学力が低いと見なされてきました。確かに公立高校の一部には、小学六年生レベルの計算さえできない生徒が入学することもあります。こうしたことから、新しい知事と市長による教育改革は『民意である』と受け止める人も多くいます。

いっぽうで、この改革は学校に競争至上主義や政治介入をもたらし、将来の子どもたちに悪影響を与えると憂慮する教員や専門家たちがいます。(中略)条例の中身をキーワードで言うと、『学校間の競争』と『ダメ教員の排除』。このふたつによる学力向上を目指す内容になっています。独自の学力テストを実施し、その結果を市町村別、小中学校別に公開したうえで、学校選択制を導入。生徒や保護者が学校を選べるようにすると言います。こうした改革はグローバル人材の育成に不可欠だと条例案の前文で謳われています。(中略)この条例が導入された場合、どのような未来予想図を描かれますか」

条例案の中で使われていた「指導力不足教員」というワードを、あえて「ダメ教員」と言い換えた。「ダメな教員は辞めさせればいいんだ!」。橋下氏が登場して以後、そんなふうに教員を切り捨てようとする安易な空気が、私自身の周囲でも漂うようになっていた。条例案は、教員に対する人事評価をS・A・B・C・Dの5段階で行い、最上位のSは5%、続いて20%・60%・10%・5%の分布となるよう評価を行わなければならない、と規定していた。つまり20人教員がいれば全員がどんなに頑張ったとしても、必然的に1人は最低の枠に追いやる非情な人事制度だ。これだけではない。さらに2回連続で最低のD評価と見なされた教員は、免職の対象にするとされた。どんな理由であれ、校長から「ダメ」と言われれば、その教員に対し「指導力不足」の烙印が押され、学校を去らなければならない仕組みというわけである。

参考までに触れるが、頭脳明晰で心優しい優秀な教員であっても、クラスの子どもたち全員が100%満足することはない。その中に2〜3割は不満を抱く児童・生徒がいると言われる。学級運営の研究等で示されるこうした結果から、誰からも好かれる完璧な教員は、ほぼ存在しないことがわかっている。1人のモンスターペアレントによって実践力に優れたベテランの先生が自信を喪失し、精神を病んでいくケースもある。

雪が積もる極寒のニューヨーク、天井まで達する立派な書棚が壁一面に備わる自宅でラヴィッチ教授にインタビューする機会を得た。「落ちこぼれゼロ法」についてまず切り出すと、彼女はこう振り返った。

「私は教育の歴史を専門にやってきましたが、この10年を振り返ってみると、民営化が推進され、テストが重視され、教師への罰則に重きがおかれ、教育制度上もっとも悪い時期でした。教育の質は上がるどころか、かなり下がったと思います」

教育改革がもたらす結果は5年、10年を経ないと見えてこない。教育の専門家たちが口を揃えて訴えることだ。ラヴィッチ教授の話を聞きながら、「落ちこぼれゼロ法」導入から10年後のタイミングで取材できたことは僥倖だと感じた。すぐには結果が見えないからこそ政治家が教育に介入したがるとも言える。私たちは「教育基本条例案」の全文を英訳したものを渡して読んでもらった。条例の半分近くが、教員に対する懲戒や免職の規定で占められていた。

「とてもショックです。これは教師に対してとても原理主義的で敵対的な態度をとっていて、子どもたちを預ける専門職とは見なしていない。罰、罰、罰、非常にネガティブな姿勢なので、私が教師だったら別の場所で教えるでしょう」

この取材時はまさかそんなことがすぐ現実になろうとは思わなかったが、その後、大阪の学校現場を離れる教員が相次いだ。ラヴィッチ教授は「維新の会」の条例案は「落ちこぼれゼロ法」と共通点が多いと指摘した。

「この大阪の条例はアメリカの落ちこぼれゼロ法の轍を踏むことになるでしょう。先生が処罰されたり、いい教師が現場を去ったり…。私はアメリカの子どもたちの教育をとても心配しているけれど、あなた方は日本の子どもたちのために心配しないといけない」

「教育改革は失敗だった」。そう明言したのはラヴィッチ教授だけではない。アメリカで話を聞くことのできた生徒や保護者も同様の声を上げていた。

この放送に対し、もっとも顕著な反応を示したのは、橋下市長(当時)本人だった。MBSを徹底批判するツイッターの投稿を連打した。ツイートの始まりで、次のように噛みついている。

「朝からMBSに怒り心頭だよ(笑)昨日のVOICEをチェックした。大阪教育改革を取り上げていたから。メディアは批判することが仕事だから批判は良いんだけど、今回は度を越している。これはメディアとして良いのかね。大阪の基本条例をアメリカの教育専門家に見せてコメントを求めた」

一連の中身を読んでいくと、ＭＢＳが英訳してアメリカの専門家に見せた条例案は叩き台で改訂前のものであり、そんなので批判するのは卑怯だ、度を越している、と激怒しているのだ。さらに放送の2日後に市役所内の会見で、質問されてもいないのに自ら教育に触れてこう反論した。

「重要なことは教育改革、まあ僕は別にアメリカでやった何でもかんでも競争だという、そんな教育改革をやるつもりもないし、サッチャー改革ともまったく違う僕自身の教育改革論に基づいてやっているんですが、そういうところとダブらせて、アメリカの失敗を繰り返すな、とかいうキャンペーンを張っているメディアもありますけれど」、「大改革をやらないと。教育現場というのは本当に井の中の蛙、大阪府教育委員会、大阪府立の高校の教員なんて典型的な井の中の蛙状態になってますから」(2月19日)

大阪の教育改革への反対論は的外れ。国民は改革を求めていると強調するのだった。

しかし、念のため橋下氏の発言を押さえておくと、アメリカのような競争主義的な改革をやるつもりはない、と前述の発言をした20日前にはこう断言していた。

「教育行政を変えるのが、日本を再生させる重要な軸になることは間違いない。アメリカのような統一テストをやって、点数できちっとね、どこにいけるかというのをやらないと。序列化、点数化はダメなんて、そんな建前を言っていた。戦後のあしき平等主義、あしき一律主義でがんじがらめになって…。いままでのように序列化ダメ、点数化ダメ、そういう建前論はなくなりますよ」(1月31日)。

テスト結果の開示を求めるアメリカ方式を導入し、序列化も容認していくとする発言だった。

「落ちこぼれゼロ法」の学力格差の解消という法の理念は否定すべきものではないと思うが、施行から10年目のアメリカ・ニューヨークで私自身が目にしたものは、格差の是正どころか、それがさらに大きな隔たりとなっている現実だった。学力と経済、両方の格差を象徴する2つの学校を訪ねた。一つは集合住宅と工場が立ち並ぶ地域の小学校で閉校が決定。そこで遊ぶ子どもたちは「学力テストの成績が悪いから学校がなくなるの」と嘆いた。一方、車でわずか10分ほどしか離れていない高級住宅地の小学校（私立ではない）では、保護者たちが年間1人当たり4万円以上の寄付をして教員を配置したり、授業の質を維持したりしていた。この寄付がなければ、ダンスなどの特別授業がなくなります！とアピールするポスターが貼られていた。明るく人気のある小学校の授業を眺めながら、言いようのない暗い気持ちになった。勝者と敗者を作り出す教育システム、そう感じたのだった。

ワシントンＤＣでは〝不適格〟教員が公立校から大量に排除、解雇されてゆく事態に陥っていたのだが、1人の高校生は、取材に対しこう答えた。「政府は生徒の未来に備えているとは思えない」。

## 番組への賛否

アメリカ流教育改革から大阪の教育の未来を考えるＭＢＳのニュース『VOICE』特集の放送後、視聴者から多数の感想が届けられた。賛否両論であったが、批判する側の意見は匿名が目立った。例を挙げてみよう。

「米国流教育改革の落とし穴を見て驚きです。VOICEには前々から取材のレベルが低いことに疑問を持っていましたが、これほど事実誤認があるとは報道番組としての資格すらないと思います。やはり地方局のレベルではこの程度だから仕方がないと思う範囲を超えてます。自分たちは報道者だという落とし穴にはまっていることに気がついて下さい」

その事実誤認を具体的に記す箇所はメールの中になかった。いっぽう、私立大名誉教授と実名を明記した意見もある。

「現在、多くのマスコミは新聞、テレビ共に、橋下市長の逆鱗に触れるのを恐れてか、彼の政策や言動について批判的な意見を述べるのを控えているように思われます。そういう風潮の中で、VOICEのこの番組は、橋下市長が中心となって強行しようとしている〝教育改革〟の是非を考える上で大変参考になるアメリカの二つの大都市での教育改革の悲惨な結果の事態を非常に分かりやすく伝えられました。橋下市長はこの番組内容を知って激怒したそうですが、それは彼の『改革』なるものの致命的な弱点をこの上なくはっきりと衝くものだったからでしょう」と書かれていた。

## 攻防激化、条例成立へ

最終的にどのような条文に落ち着かせるのか、大阪府教育委員会の中では攻防が日増しに激しさを増していた。中西教育長と心療内科医の生野照子教育委員長を中心とする委員会に対し、橋下市長、松井知事ら維新勢力が真っ向から対立、駆け引きが続いていた。

橋下氏は当初から府教委事務局が提案する対案に対し、これだけは譲れないとする点を示していたという。それは国レベルでの法改正の流れをすでに意識していたかのようだった。府教委は対案で教育の「ルール化」の中身を条例そのものから外し、「教育振興基本計画」の策定に委ねて、その計画を教育委員会と首長が「共同で作成する」ことにしようとした。しかし橋下氏はこれを受け入れず、首長を主語とする案、すなわち主導権を首長にすべきだと主張し押し切った。最終案の条文は「知事は、委員会と協議して、基本計画の案を作成するものとする」となる。

こうした攻防の中で、一部の教員や保護者らが立ち上がり、さまざまな学習会を重ねた。教育基本条例案に疑問を呈して発足した「大阪の教育の明日を考える会」は、「教育基本条例案では、子どもたちが心配です」というタイトルの声明を２０１１年10月30日に発表。その声明文には、４つの問いが並んでいる。

「1、子どもは『世界基準で競争力の高い人材』になるために学ぶのですか？　2、子どもも保護者も『競争』漬けの12年間になってしまいませんか？　3、『自己の判断と責任』の名のもとに、学校から子どもが切り捨てられませんか？　4、命令と脅しばかりで、大阪によい先生が増えますか？」

このように、疑問を感じる理由として項目ごとに3〜5行ほどの説明文があり、まとめは「選挙結果という『民意』の名の下に、首長と議会の政治的な介入を正当化し、教育を従わせようとしていることに強い危惧を覚えます。選挙のたびに、教育が大きく左右されることが本当によいのでしょうか？　責任を問われる人は立ち去り、ほんらい責任を負うべき者でなかった人たちが傷つけあうことになりませんか？　子どもを、時の政治の実験台にするようなことはあってはならないと思います」との切実な思いが込められていた。

文科省も同年12月7日、府教委からの問い合わせに対し、「知事が教育目標を設定するのは、違法になる可能性がある」と指摘した。地方教育行政法に抵触するとの見解を示したのだ。ところが橋下大阪市長は、「知事が目標を定める権限を持つことが直ちに違法ということではない。教育行政の最後のあがき。あんなバカみたいなコメントに従う必要はない」と会見で切り捨てた。

「教育基本条例案」はその後「教育行政基本条例」と「府立学校条例」という2本立ての条例に分割され、知事提案という形になって2012年3月に可決成立する。と同時に生野教育委員長は自ら退任を表明した。最後となった教育委員会会議後の会見で「条例が可決され一区切りついた。策定に関わった委員長として辞職しケジメをつけたい。これからの運用こそ極めて重要な局面であると訴えたい」と語った。続いて府民へのメッセージを残した。「法令の隙間からは思わぬ力が入り込みます。進歩的であっても破壊的になることもある。緊張感を持って監視してほしい」と。だが記者の側からは教育委員会に対し厳しい質問も相次いだ。生野氏はこうも釈明した。「この条例が破壊的と言ったつもりはありません。これからの運用しだいと思います」。

維新案に思うようなブレーキをかけ切れなかったという責任を痛感しての苦渋に満ちた発言だったと感じる。それでも当初の条例案は多くの箇所で修正が加えられ、大阪の地で育まれてきた教育の理念を残そうとする努力の痕跡が多く見られた。

たとえば、教育の目的は当初案では「グローバル社会に十分に対応できる人材育成」となっていたが、「大阪が大切にしてきた、違いを認め合い、子ども一人ひとりの力を伸ばす教育を更に発展させる」旨が加えられた。日本国憲法や教育基本法の理念から言えばごく当たり前の方向性だが、当初案ではそれすら省かれていた。

国際競争の中で役立つ「人材」という価値観だけに囚われることなく、すべての子どもたちが違いを認め合い、生きる喜びと幸せを感じ取れるような、個人を尊重する教育が本来提供されるべきでは

大阪府教育委員会，中央に生野照子教育委員長．

ないだろうか。「俺らは、いらんということやろ」と訴えた男子生徒の表情が思い起こされる。

3年連続定員割れの学校は自動的に「統廃合」するという案は、「改善の見込みがない場合は再編整備の対象」とする文言に弱められた。だが、前述の生徒が在籍した府立西淀川高校は2019年3月の卒業式をもって「再編整備」され、41年の歴史に幕を下ろした。

アメリカのラヴィッチ教授がもっとも懸念を示した教員評価に関しては、生徒による授業評価を取り入れることで、最低ランクの教員を必然的に生みだしてゆく相対評価は実施を見送られた。一方的な「不適格教員」の排除を目的に使われる恐れのあった評価基準は採用されず、絶対評価が維持された。アメリカと同じ轍を踏む、最悪の事態は回避されたのだった。

ところが、政界を引退した橋下氏の後継者である、大阪市の吉村洋文市長(当時)が全国学力調査の成績が政令指定都市で「最下位」だったことを受けて2018年8月、その成績結果を教員のボーナス評定に反映させると言い出し、またもや現場は戦々恐々となった。そして翌19年1月、学校長の人事評価に限り、この学力テストと大阪独自のチャレンジテストの結果を賞与昇給に反映させる方針を決定した。一般教員は対象から外れたとはいえ、現場には動揺と怒りが走っている。というのも、テスト重視に突き進んだアメリカの公教育は、2012年にMBSが取材した当時よりさらに深刻な事態に陥っているからだ。

目下、大阪府下の公立校の教員たちの間では『崩壊するアメリカの公教育――日本への警告』(鈴木大裕著、岩波書店、2016年)が話題になっている。公教育を「ビジネス」に変えたアメリカの迷走と人びとの抵抗を描く戦慄のリポートだ。元中学校教諭で教育研究者の鈴木氏は、子どものテスト成績を教員評価に反映させることが公教育を崩壊させる一歩だとし、アメリカでは保護者によるテストのボイコット運動さえ行われ、学力テストによる教員評価が廃止された市もあると指摘する。鈴木氏からそんな現地の実情を直接聞こうと氏を大阪に招いての学習会も開かれている。アメリカの落ちこぼれゼロ法のその後については第6章でも触れたいと思う。

## 教育委員としての信念

大阪府教育委員会と維新勢力が激しく対立する渦中で、必死に抵抗を続けた生野照子さんとはその後、何度かお目にかかる機会を得た。心療内科と小児科を専門とし大阪の子どもたちを診察してきた生野さんは、1980年代に受験戦争がエスカレートする中、心を病んだ子どもたちを多く見てきたという。その後、ゆとり教育を経て、さらなるテスト偏重教育へと逆行してゆく現状を心配していた。

2018年9月にお会いしたとき、爽やかなブルーの上着に水玉模様のワンピース姿は生野先生らしい装いだった。生野さんには、橋下徹知事との忘れられない場面があるという。

知事に就任してまもないころ、生野さんが「大阪の公立校は、とてもいいものです。特色も持っているし」と述べると、橋下氏は即座に「公立のどこがいいんですか。私学にいけない人が仕方なく公立へ行っているんです」と反論したという。政治がやってくる、そう直観的に生野さんは感じた。

そしてあるとき、教育委員全員が揃っている場で、生野さんは面と向かって橋下氏に詰め寄った。「知事がやろうとしていることは政治ですよ。教育行政ではなく、教育に対する政治介入だとはっきり主張したのだ。すると橋下氏は「さすが、委員長」と応じたという。茶化していたのか見抜かれていると思ったのか、それは読めなかったそうだが、いま振り返れば悔いばかりが残る、と生野さんは語った。

教育委員は常勤ではない。それでも、政治主導の改革にどう向き合えばよいか意見を求めて日替わりのように人に会い相談して回った。しかし、理論的に構築できている意見には出会わなかったという。橋下知事の論理を越える示唆は得られなかったと振り返るのだ。

人びとを煽って歓喜に沸かせ、花火のごとく次々と改革案を打ち上げるように見えた橋下氏に対し、追いついて論破するのは至難の業だったという。公教育のつまづき防止に力を入れてみたり、突如として私学助成金の支給を決断したり、そこに一貫性はまるでなく、そのときどきの政治だったのではないかと生野さんは指摘する。もっとも、政治的判断であるという一点は変わらなかった。答えの出ない気持ちの悪さを抱えたまま、当時の政治の激流に抗い切ることはできなかった。

悔いが残ると何度も強調する生野さんの話に耳を傾けながら、私は「いや、当時の教育委員は委員長を先頭に腹をくくり、必死に抵抗した。でなければ、さらに酷い状況が生まれていた」と心の中で思った。逆風の中、生野さん個人への誹謗中傷も多数あったと聞く。心配した同僚の医師たちに「あの状況の中でどうやって耐えられたんですか」と質問されたそうだ。私も聞いてみた。短く、きっぱりした答えだった。「それは信念です」。印象的な言葉はさらに続いた。「相手が政治でやってきたら、政治でないと返せないんです」、「周囲が本気で怒らなかった。それが怖い」とも。

教育現場や街中で政治圧力に対して抗議の声をあげる人びとが、全体の中では少なかったのだろう。いや、反対する気持ちの人は大勢いたかもしれないが、行動で示さなかったのだ。教育委員を後押しする力は弱かった。多くの人が橋下劇場に目を奪われていたからだろうか。

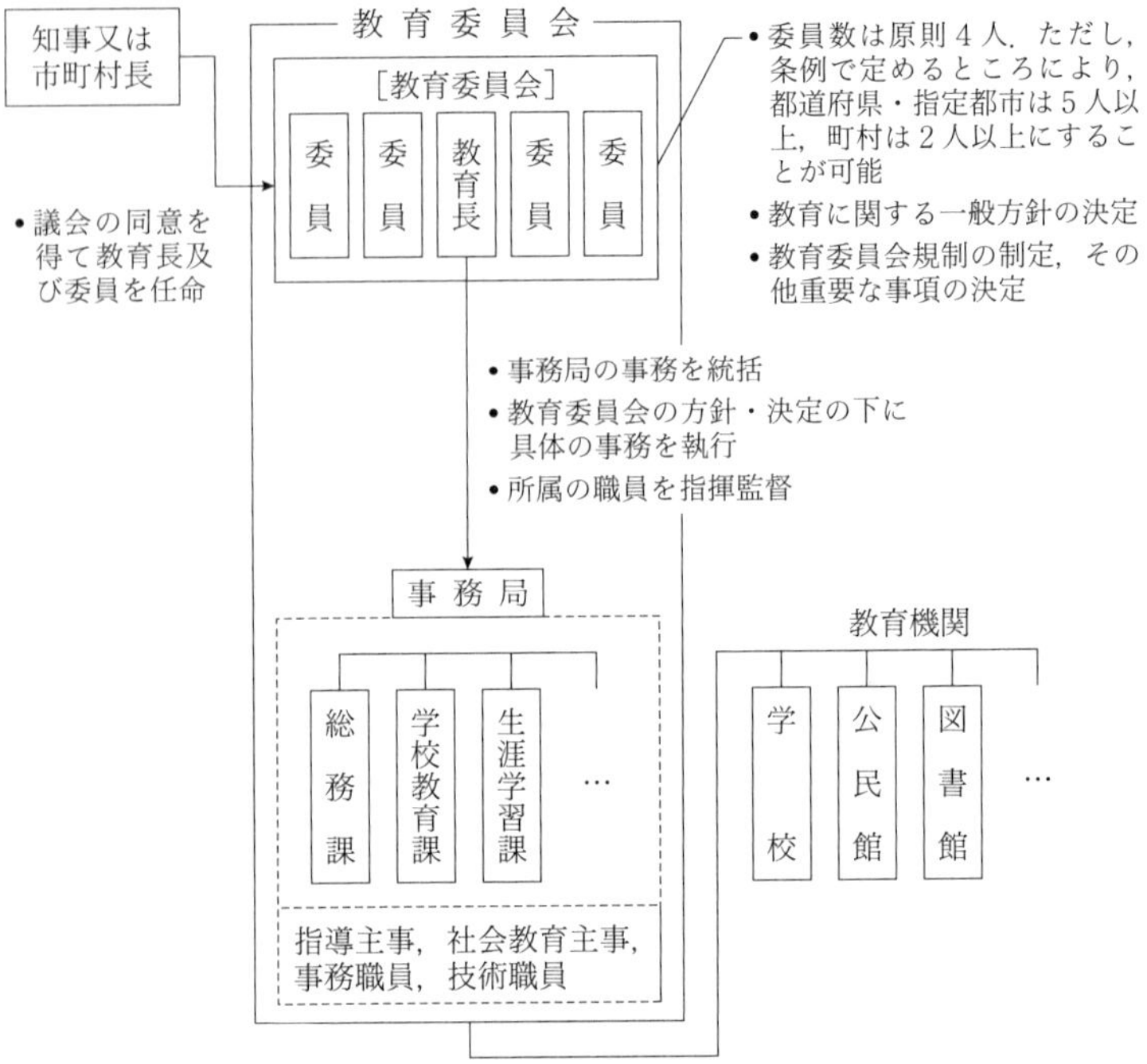


出典：文科省 HP

教育委員会制度のしくみ

## 5　君が代「口元チェック」と「マネジメント」強化

２０１２年３月、大阪府で「教育行政基本条例」「府立学校条例」に加え、「職員基本条例」が制定された。府職員について人事評価や処分ルールを定めた条例である。当初の「教育基本条例案」には、職務命令に５回違反すれば免職、同一内容の職務命令に反する行為のケースではより厳しく３回で免職にするという条項が入っていた。この条項は「職員基本条例」にそっくり盛り込まれ、条例の対象に公立校の教職員も含まれた。同年５月、大阪市でも職員基本条例などが同じ枠組みで成立する。

２０１１年11月、絶大な支持を得て府と市のダブル選挙を制した松井一郎氏と橋下徹氏。知事から市長にスライドした橋下氏が好んで使う言葉がいくつかある。その一つが「マネジメント」である。組織で働く人たちに成果を上げてもらうために、さまざまな角度から効率よく、生産的に管理してゆくことを意味する、企業で常用されるワードだ。一連の条例成立によって橋下流「マネジメント」の新体制がスタートした。

## 君が代「口元チェック」の是非

これに先立つ2011年6月、国旗国歌条例（正式には「大阪府の施設における国旗の掲揚及び教職員による国歌の斉唱に関する条例」）が、議会で過半数を獲得した大阪維新の会の主導で成立した（写真）。維新の会以外の全会派は反対だった。この条例も、府立学校入学式で国歌斉唱時に一部の教員が起立しなかったことを知った橋下知事が府の教育委員会に対し、「本気で教育現場をマネジメントする気があるのか」「教育委員会が解決できないなら条例により対応するしかない」といった怒りのメールを送りつけて、制定へと動き出したという。

教員らの間で〝君が代条例〟と呼ばれたこの条例によって、入学式や卒業式で教員は「君が代」を「起立により斉唱する」と規定され、服務規律の厳格化が図られた。条例の目的は「府民、とりわけ次代を担う子どもが伝統と文化を尊重し、それらを育んできた我が国と郷土を愛する意識の高揚に資するとともに、他国を尊重し、国際社会の平和と発展に寄与する態度を養うこと」となっている。

君が代の起立斉唱については、長く論争が続いてきた。1999年国旗国歌法が成立する以前、府立学校の入学式や卒業式の式次第に「国歌斉唱」が入っていることはほぼなかった。法律施行後、徐々に国歌斉唱がなされてゆくが、大阪は在日コリアンが多いなどの背景があって、「起立しない」教員や生徒は珍しくなかった。それでも2011年時点で不起立の教員は、すでにマイノリティの存在であったと思う。だが、そんな教員らを一掃しようとしたのだろうか、「職員基本条例」によって、同一職務命令に3回違反すれば原則、免職の対象にするという厳格で完璧なルールができあがったの

国旗国歌条例が成立した大阪府議会.

だ。

2012年3月2日、大阪府立高校の卒業式で、規律の厳格化を図ろうとした1人の校長が異例の行為に出た。国歌を斉唱する教員に対する「口元チェック」だ。府教委からの通達を受けて、実際に教員が君が代を歌っているかどうかを監視、口元をチェックして報告をあげたのだ。チェックを徹底したこの校長は橋下氏の大学時代の盟友で、弁護士から民間人校長へと抜擢された中原徹氏だった。

「『国歌不斉唱』口元チェック　府立和泉高校長　一人処分検討」と大きな見出しでこの問題を初報したのは13日付読売新聞朝刊だった。特ダネ、スクープである。読売新聞は事実関係を報じるとともに識者2人に取材し、「明らかに行き過ぎ」「不起立と同じだ」と両論併記した。[8]さらに記事中で中原校長と橋下市長との関係に触れ、橋下氏が「服務規律を徹底する」この行為を絶賛しているとする一方、生野照子教育委員長のコメントとして「条例順守は大切だが、あまり厳格にすると、逆に法の精神が失われないか心配だ」と記してもいた。全体的には「口元チェック」を批判的に報じていていると読める内容だった。

橋下氏はその後の会見でも「口元チェック」について「素晴らしいマネジメント」と称賛した。企業で使われる「マネジメント」の意味は、たとえば士気を盛り上げ、良い雰囲気を作ることによって、その組織が一致団結し目標達成のために、1人ひとりがもつ力を最大限発揮させることができるかがポイントになる。お互いを信頼し合い、個性、持ち味、実力を自発的に引き出してこそ力を発揮する姿がマネジメントの理想形ではないだろうか。

「口元チェック」のどこに生産性があり、組織力を発揮させる要素があるのだろうか。当時の教育委員の1人はこうした橋下流について、「自分の論理で大ナタを振り下ろす。一面で成り立つかのように見える論理を全部に当てはめようとする。とにかく派手に理屈を通せばいいというやり方なんです」と話した。歌を歌うという行為は、内心に踏み込む可能性が極めて高いものだ。そうした「内心の自由」が教育現場でチェックされるということに現場で反発や不安が広がったのは、ある意味自然の流れと思われた。

この問題をめぐるメディア内の受け止め方には温度差があった。私の周辺の同業者たちの中から「ニュースの本質は、学校の公式行事においてのルールの適用の仕方だと認識しています。君が代の起立斉唱の是非は、このニュースに関して本質ではないと考えます」といった声が出た。「卒業式に君が代を歌うことにそれほどのこだわりや、アレルギーがない人間からすれば、生徒や子どもたちに従わせているルールを守れない先生を、認めなければならないのでしょうか。集団生活で学校の公式行事をきちんと対応できない先生ということではないでしょうか」と。条例に定められた通り「ルールの遵守」という論理を重んじようという考え方だ。いっぽう、君が代斉唱は単なるルールでは片づけられない、愛国という心の中に関わる問題だとする見解があり、両者がぶつかり合う形であった。

「口元チェック」の舞台となった高校の中原校長も自身のブログで意見を表明した。「長年大阪(日本といってもよいかも知れません)にはびこって来た『教職員だけはルールに従わず、わがままを言っても許されるのではないか』というある種の〝因習〟が今回のようなことにつながっているのではないかと思います」、「〝因習〟は絶対に是正する必要があります。(中略)教育委員会が、職務命令を出し、かつ、『斉唱』の確認方法についても指示を出しながら、肝心なところで『ちょっとやり過ぎだ』と梯子を外すようなことを言うのであれば、現場の人間としては『やりようがない』というのが偽らざるところです」

中原氏は相談した府教委から、「遠目で確認してください」との指示を得てその通りに実行したと強調していた。教育と国歌斉唱をめぐる考え、〝指示〟の捉え方に大きな溝が生じていた。

## 府立高校校長のホンネ

古くて新しいともいえる国歌斉唱をめぐる論争。「口元チェック」の是非が問われ、大きく報道されたのを機に同年4月、さまざまな意見が交錯し、揺れ動くこの状況を掘り下げるニュース特集を作りたいと考えた。現場の校長たちはどのように受け止めているのか、その思いを率直に訊ね報道すれば、その意義は大きいのではないか。そこでまずは大阪府立高校の全校長にアンケート用紙を郵送し、

「国旗国歌条例」や「口元チェック」の是非について聞き取ろうと考えた。回答があったのは、164校中、45校だった(放送時は44校、回答率は約27%)。記述欄には各校長の率直な意見も綴られていた(写真)。

「口元チェック」に関し、批判的な意見は以下のとおりだ。

- 着実に起立斉唱できる状態に向かっていた。その流れにむしろ水を差すことになった。
- 校長として教員を信頼する姿勢が問われるのではないか。
- 起立さえすれば、職務としての義務は果たしていると思いたい。
- 卒業式の意義(卒業生が主役)や本来あるべき姿(祝典)から逸脱しているように思う。
- 言葉どおり、通知のとおりの学校運営しかできないのは単なる伝達マシーンである。人間への敬意が感じられない。
- このような監視、チェックのやり方は、健全な職場の構築を阻害することになる。
- 職務命令という方法で「形」に拘りすぎることは、結果として「立てばよい」「歌えばよい」という心の籠らない、まさに「形だけ」のものとなり、本当の意味での愛国心やアイデンティティの醸成にはつながらないと思います。
- 起立斉唱するのは「当然」であっても、少数意見や相手を慮り、一定の配慮を忘れないという感性(国民性)は、日本人が大切にしてきた、そして今後も守っていきたい美しい行動規範だと思っています。世界との競争に勝つためにはそんな「甘さ?」は捨てるべきだという考え方もあるか

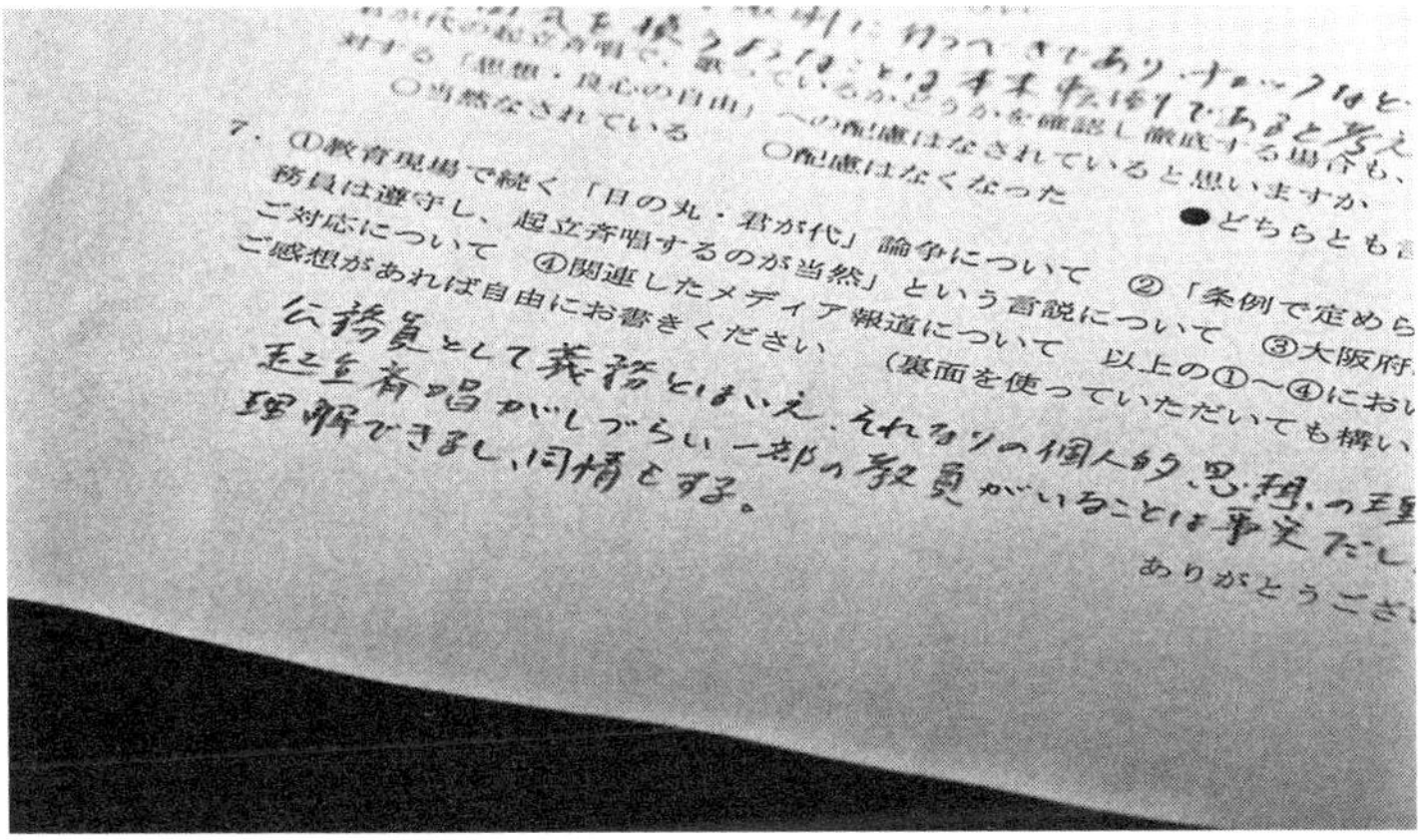

府立高校校長のアンケート回答.

もしれませんが、強い違和感を感じています。

・国歌「君が代」への崇敬の念は、このやり方では決して生まれることはない。

教員に対する信頼や慮りがないとする校長が多数いたいっぽうで、「口元チェック」を支持する意見も、わずかだが存在した。

・「口元チェック」というとらえ方がまちがっている。命令に従っているか確かめるのであって、それは当然の職務の遂行。ことさらのこの表現は、かえって校長の行為をゆがめた見方になる。

・日本の国旗であり、日本の国家である以上(原文ママ)、尊ぶのは当り前、国民のアイデンティティーの基となるものだと思います。教育公務員であるならば、条例に従うのは当然だと思います。(傍線、原文ママ)

・学校にとり最も重要なセレモニーの卒業式や入学式

において、法律や条例に定められた事項を守らない教員は、公務員として惑いは(原文ママ)、組織人として失格である。このような行動は、学校の主体である生徒に対して申し訳ない。

「関連したメディア報道について」も感想を求め、アンケート末尾に自由記述欄を設けた。再読して感じるのは、教育への「政治介入」を指摘する校長がかなりいたことだ。

- 国を愛する心を育てるという「国旗・国歌」の本来の意義から教員の命令違反や府教委・管理職のマネジメント不足という現行教育制度批判のための「道具」として「国旗・国歌」が政治的に利用されている。(中略)条例施行前の不起立教員の数も全教員からみれば、ごく少数であり、条例がなくとも処分はできた。一重に知事、市長の政治的プロパガンダにすぎず、メディアもその点をしっかりと報道すべきであるとともに、ジャーナリズムは常に権力の監視役としての誇りをもって報道すべきである。
- いま特に大阪府はこの件に限らず、ものすごい勢いで時勢が動いている。(中略)今、決めた事が、それを扱う者が変わった時、どのような事態が生ずるかを一人ひとりが考えておく必要がある。条例↓決定↓全員の服従↓悲惨な事態(「全員の服従」の文字の上に「一定の悪意」)、おこりうると思う。
- 教育現場を権力で支配しようとする姿勢のあやうさを過去のケースと比較し、冷静に報道すべきである。

•「国旗国歌」は本来の意義もしくは教育的意義を全く離れ、政争のための道具、統治支配のための道具でしかなくなっている。(中略)橋下氏は、まつろわぬ者たちに痛打を与えるポイントをよくご存知なのである。他方メディアは彼の極端で不合理な言説、政策が喝采をあびるように報道しているように見える。(中略)橋下氏はほんとうは、国旗・国歌に敬意をはらってもいないと思う。すべて世論の支持を集めるためになされていると考えれば、〝茶髪の弁護士〟として登場した彼と、現在の彼とまったく首尾一貫してつながっている。メディアは彼の本来の姿を知っているに違いないのだが、それをひた隠しにして、世論にうける部分だけを報道している。もし、このまま、日本がまちがった方向に進んでゆくとすれば、メディアの罪は重いと言わざるをえない。

切実な訴えを裏面まで使ってびっしりと綴っている校長もいた。その末尾にはこう書かれていた。

•前知事(橋下徹氏)などの学校批判、教師を首にする、などという言葉をメディアが伝える中で、近頃また学校への無理難題が急増してきた。橋下さんの尻馬に乗る人が出てきて学校管理職にとって難しい対応が増えた。

校長45人の回答をもとに結果を集計すると、口元チェックは「当然だと思う：4」、「やりすぎだと思う：26」、「どちらとも言えない：12」、「無回答：3」。

職務命令による君が代「起立斉唱」の確認方法については、「起立斉唱をひとつと捉えて確認すればよいと思った：39」、「起立と斉唱をそれぞれ確認すべきと思った：1」、「どちらとも言えない：3」、「無回答：2」。

全国初の条例に基づいて「君が代」の起立斉唱が職務命令で実施されたことについては、「賛成です：23」、「反対です：6」、「どちらでもない：14」、「無回答：2」。

教職員に対する国旗国歌条例そのものに対する意見も割れた。

・条例が発令されたのは、自らまいた結果であり、はずかしい結果であると思う。
・子供の教育をあずかる学校で法律を尊重しない姿勢は許されない。
・公務員としての義務とはいえ、それなりの個人的思想の理由により、起立斉唱がしづらい一部の教員がいることは事実だし、心情的には理解もできるし、同情もする。

## 橋下市長と激突、その影響

2012年5月8日、このアンケートの結果を踏まえ、当時の橋下徹大阪市長の囲み取材（いわゆるぶら下がり会見）に臨んだ。「起立と斉唱を分けずに、ひとつと捉えて確認すればよいという校長が多かったが」という質問をした直後、橋下氏は激高し始めたのである。会見からおよそ4分後だ。「何を言っているのか、起立斉唱という日本語の中に歌うという意味は含まれていませんか。音楽のテストでどうやって歌っているのを確かめるのか」と切り出し、「斉唱は誰が誰に命令したのか。答えろ」と逆に質問を投げてきた。

君が代を起立斉唱するよう求める職務命令は、誰から誰に発せられているのか。その正解は、大阪府教育委員会から各学校に通知された2枚の文書を確認すればわかる。この2枚の文書を私は囲み取材の前に目にしていた。教育長(当時は中西正人氏)の名前で発布された1枚目は、教育長から府立学校教職員に対し「国歌斉唱が行われる学校行事において、式場内のすべての教職員は、国歌斉唱に当たっては、起立して斉唱すること」と書かれている。もう1枚は、府立学校校長、准校長宛ての文書で「……起立により斉唱するよう教職員に対し通達を行ったが、校長又は准校長からこの趣旨を徹底するよう職務命令を行うこと」とあり、学校長が教職員に対し職務命令を下すよう求めていた。

なぜ、このような2段構えの発令になっているのか。教育長が一斉に教職員に対し職務命令を出しさえすればいいのではないか。そう感じる読者もいるだろう。「国歌斉唱にかかる指導の流れ」(報道提供資料、同年1月17日付)には、「校長・准校長から職員会議等で職務命令を発出。(卒業式実施の)約一週間前まで」となっていた。しかし、この複雑な形式にこそ、戦後の教育委員会制度が維持してきた大事なポイントがある。1人の教育長の命令に全教職員を従わせる、すなわち学校長の頭越しに右向け右と言えば右を向く態勢を許せば、一色に染まる教育が現実味を帯びてしまう。教育基本法などの趣旨を踏まえると相応しくない、と府教委が配慮したと言える。つまりあるべき姿は、教育長から学校長へ、そして学校長から教職員に対し職務命令を下す、このような流れで命じられていたのだ。発令はいずれも教育長である。

囲み取材での逆質問に私が「中西教育長ではないですか」と述べると橋下氏は「とんでもない。教育長が命令出せるんですか」、「教育委員会ですよ」と答える。続いて「自分は条例を作っただけで、命令を出したのは教育委員会だから、その問いに答えるのは自分ではない、教育委員会に聞け」と述べた。こちらとしては、条例を立案したのは知事時代の橋下氏であり、その橋下氏に校長アンケートの結果を踏まえて質問したのだが、それ以降、氏は「勉強不足だ」と激しい口調で面罵し続けた。

その後の橋下氏はツイッターで「校長のアンケートで批判しようとしたMBSは完全に間違い」「中原校長の口元チェックは何ら問題ない」などとするコメントを続々と投稿していった。

## 政治家の言葉の力

特集「学校長へアンケート　国歌起立斉唱　揺れ動く『声』」(約14分)は、橋下氏への囲み取材の3日後、2012年5月11日に放送された。VTRの冒頭は、大阪維新の会の奥野康俊府議(当時)が3月に「先生の口元をビデオで撮ってください。条例を守れ」と呼びかけるツイートの文言で始まる。府立和泉高校での「口元チェック」についてアンケートした集計結果と、校長のリアルな声を伝えた。日の丸の旗を振って戦地へ子どもたちを送った戦前の軍国主義教育に触れ、戦後の教員たちがなぜ国旗国歌に抵抗を感じたかについても触れた。1999年の国旗国歌法の制定時、官房長官だった野中広務氏(故人、2018年没)にも取材、この法律が「第一条　国旗は、日章旗とする。第二条　国歌は、君が代とする」とシンプルである、その趣旨をあらためて聞いた。

「国旗と国歌を、我々はやっぱりこの国の名誉にかけて定めておくべきだと。それを強制したり、あるいはこれを意図的に使ったらこれは間違いなんだから、(法律には)何も書き加えない。一条と二条だけで条文にしたいと。これを強制したり、強要したりする性質のものではまったくない」

憲法学者の高橋和之氏にもインタビューした。高橋さんは、教育の一貫であっても君が代を「授業で歌う」ことと「儀式で歌う」ことは区別して考えるべきだと語った。

「『国旗国歌は、こういうものだよ』と言って授業で歌うのと、儀式において歌うのとは全然意味が違ってくるだろうと思います。儀式において歌うことは、儀式が持っている『これは重要で従うべき、その考えを表明しよう』という意味を受け入れなさいという暗黙のメッセージが込められている。『立ち上がってもらう』のは、相手の意見を尊重するという形だよ、という教育であると思うんですが、『歌わせる』ということは、子どもたちに何を意味するんでしょうか」

国歌の起立斉唱について、憲法学の第一人者である高橋さんは、次のような見解だった。

「対立した場面でお互いを尊重する、というのが憲法の考え方で、儀式において『歌いなさい』と言うと、それは内心に対する侵害の程度が強くなりすぎて、違憲の疑いが大きいと思います」

これらの取材を踏まえてニュース特集では、次のようなナレーションで結んだ。

「アンケートに回答した校長の1人は、歌うという見た目の確認に重点を置くあまり、自然な気持ちで国を愛する、という本来の法の趣旨から離れてしまうのではないかと綴っていた。大事なことは『形』ではないはず、と問いかけていた」

大阪市立大学名誉教授の広川禎秀氏はニュース番組『VOICE』の卒業式の国歌斉唱と学校長のアンケートを紹介した特集を「この目で見た一例として」取り上げていた(『歴史学研究 No.901』)。そして次のような記述が続く。

「橋下は、口元チェックは完璧なマネジメントで法律上なんら問題ない、『勉強不足の記者がなにをいっても駄目だ』とものすごい剣幕で記者を攻撃し、その様子も放送された。教育現場への強権的介入と橋下市長の取材記者に対する攻撃とがいわば二重写しとなり、事態の真相が伝わってくる興味深い報道であった。（中略）ところが、この前後からネットで橋下に取材した女性記者に対する大バッシングが起こった。（中略）問題は、マスメディア全体がこれを報道の自由の問題として闘わなかったことにある。／巨大マスメディアは基本的に『統治者』＝支配層の一翼をなしている」

政治家の言葉の力によって教育現場のみならず、メディアまでもが地殻変動を起こしつつある、そんな指摘と受け止めた。特集の放送後、ネット空間で約3カ月間にわたりバッシングが続くことになるのだが、その異様な状況を観察しながら、一つの言葉が頭から離れなくなった。それは「感情統治」である。政治理念や政策そのものではなく、政治家が人びとの感情を煽り、一つの方向へ走り出すよう、言葉で統治する。その言葉が事実であるかどうかは二の次だ。多数の人びとが「そうだよね」と共感できるような感情に照準を定め、過激なワードを放ち、人びとの心を束ねてゆく。煙がくすぶるところへ、ガソリンに相当する言葉を投げ入れれば炎上する現象を引き起こせるかのように。その後、アメリカのトランプ大統領がCNN記者らに対し、「フェイクニュース」と激しく罵倒する場面を幾度となく見ることになるが、これらの配信映像は当初、どこか既視感があった。権力者が特定メディアや特定の人物を目の敵にし、あからさまに攻撃する一連の言動を通し、支持を得てゆくという「感情統治」の手法。この数年でそれはもう当たり前の光景になっているのではないか。

## 不起立の理由は?

大阪府立高校の入学式.

君が代の起立斉唱について、改めて確認しておきたい。自国と他国の国旗国歌に敬意を払うことは、国際社会の中では「常識」と見なされている。

「日の丸・君が代論争は、反戦・平和運動の戦術として日教組が取り組んだものだが、時代が変わって戦術的意義を失っている。もう国民的共感を呼ばなくなっている」

このようにアンケートに記した校長がいたが、確かにその通りだ。入学式と卒業式の国歌斉唱の問題よりも、もっと深刻で喫緊の教育的課題が各学校には大きく横たわっている。

しかし、大阪府や市の条例によって国歌斉唱の不起立で処分を受けたり、その処分を不服として裁判を起こしている教員たちが組合の戦術として不起立しているのかと言えば、決してそうではない。

大阪府立高校の入学式と卒業式で国歌斉唱時に起立して斉唱しなかった教諭に対し「免職」を示唆する、通の「警告書」のコピーが手元にある。その文書をここに示してみる。

「一　あなたは、平成〇年〇月〇日、あなたが勤務する府立高等学校の入学式において、事前に教育長及び校長から職務命令を受けていたにもかかわらず、それに違反して、国歌斉唱時に起立して斉唱しなかったとして、大阪府教育委員会から戒告の懲戒処分を受けた。

二　また、あなたは、平成〇年〇月〇日、同校の卒業式において、事前に教育長及び校長から職務命令を受けていたにもかかわらず、それに違反して、国歌斉唱時に起立して斉唱しなかったとして、本日付けで大阪府教育委員会から、減給一月の懲戒処分を受けた。

三　このことから、職員基本条例第二十九条第二項の規定に基づき、今後、あなたが同一の職務命令に違反する行為を繰り返した場合、地方公務員法第二十八条第一項第三号の規定により免職することがあることを警告します。平成〇年三月〇日　大阪府教育委員会」

子どもに体罰を繰り返したり、ケガをさせても免職にはならず、君が代を起立斉唱しなかったことが免職に該当するのはなぜだろう。不起立は日教組など教職員組合の政治的パフォーマンスだと主張する政治家らの声をよく聞く。以前はそうした側面も一部あっただろうが、大阪の学校現場で起きている現象を追っていけばもはや「戦術」といった話で片付けられる問題ではないだろう。

組合現役員や幹部だった教員たちは、大阪府と市の条例施行以降、ほとんど処分対象になっていない。むしろあの先生がなぜ？　と意外に思うような先生が、自らの意志で起立斉唱しなかったのだ。

理由はそれぞれ異なる。信仰心による人もいれば、起立したくない生徒との信頼関係から決断したのであったり、国歌斉唱をめぐり懲戒処分にするという条例そのものに抗議する人もいて、実にさまざまな理由なのだ。ただ仕事熱心でとても真面目な先生が多い。

たった50秒の君が代斉唱との向き合い方で、その先生がこれまで積み上げてきた教育実践のすべてが否定され、3回連続の違反で免職へと追いやる〝大阪ルール〟はやはり異常ではないか。児童や生徒に関わるのではなく、上の顔色ばかりをうかがっている教員より、教育に関する意見をきちんと表明し、子どもたちのためであれば処分すら厭わずに、校長や教育委員会にも物申すことのできる教員のほうが、閉塞感に満ちたこの時代には必要だと思うが、どうだろうか。

こうしていま、反骨精神があると言われてきた大阪の地で、自らの意見をきちんと語れる教員が減少しているのは確かだ。

## 6　変質した教育委員会と教師の締めつけ

### 民間出身の若き教育長の登場

教育現場に波紋を呼んだ卒業式の「口元チェック」騒動から約1年後の2013年4月、橋下市長の盟友である中原徹校長が、初の民間出身の教育長となった。このとき、42歳。全国の都道府県の教育長としては最年少である。松井一郎知事が大抜擢し、維新が過半数を占める府議会でも承認された。

この人事に周囲は驚かなかった。橋下氏と教育理念が近い中原氏が、任期満了で退任する中西正人教育長の後継者になるのではないか。早くからそう囁かれていた。長年、府庁職員として行政畑を歩み、教育の政治的中立性、継続性、安定性を重んじてきた中西さんとは異なるタイプの民間人教育長の登板に府職員らはピリピリした。

アメリカで弁護士資格も取り、その後、法律事務所に勤務したことからアメリカ流教育改革を知っていたと言える中原氏は、松井知事と二人三脚で教育行政を動かしていくことになる。そんな中原氏とダブってみえる教育長がアメリカにいた。番組の特集「米国流教育改革の落とし穴」で紹介した韓国系アメリカ人、ミッシェル・リー氏である。2007年、当時のワシントンDCの市長フェンティ氏から教育長に任命されたリー氏は、2011年3月の『ニューズウィーク』誌で「世界を揺るがす女性150人」に選ばれるほど、急進的な「教育改革」を断行する。彼女が操る言葉は、大阪の教育改革で語られていたそれとも似ていた。「学力の向上は、教員の質で決まる」「終身雇用で守られた公務員の教員は、努力を惜しんでいる」「新しい評価制度を採り入れ、成果が上がらなければクビよ」。

就任から1年あまりで彼女はいわば教育委員会を乗っ取り、公教育の場からムダなものを掃き出す改革者として称賛を浴びる。この背後に落ちこぼれゼロ法があり、ダメ学校の教員を追い出すというシンプルな手法は、当初市民にも歓迎された。

中原氏の教育長就任によって、大阪の教育改革は維新政治の力を背景に加速する、そう思えた。実際、英語教育で大胆な見直しを提言したり、TOEFL等に対応した高いレベルの指導ができる英語教員を発掘すると言って、新しい採用制度を立ち上げたりした。

ところが、就任からわずか1年半後、思いがけない事態が訪れた。中原教育長が教育委員の立川さおりさんに高圧的な態度をとり、意見を封じようとしたことが明らかになったのだ。立川委員本人が教育委員会会議で涙ながらに訴えたその「パワハラ」発言が、中原氏を窮地に追い込むことになってゆく。

2014年10月21日の府議会で松井知事は、幼稚園と保育園の両方の機能を持つ「認定こども園」の定員上限を25人以下から35人以下に引き上げる条例案を提案しようとしていた。知事質問に対し、定員引き上げに異論を唱える立川委員と、中原教育長との間で激しいやりとりがなされた。そのやりとりを立川委員が紙にまとめ、29日の教育委員会会議の終了直前に資料として配り、涙ながらに読み上げたのだ。

この日の会議録では、立川委員の発言はこう記録されている。

「私は委員である前に、3歳児の母、当事者として、より少人数が理想だと思っている。答弁を否定するつもりもないし、嘘は言えない」、するといつものように途中で遮られ、中原氏はこう畳みかけてきたという。「目立ちたいだけでしょ。単なる自己満足でしょ」「裏切るんですか。共産党と一緒に、後ろから知事を刺しにいくようなもの。何のためにそんなことを言うのか」。反論する立川委員が「子どものために」と言うと「何を言っているんですか。誰のおかげで教育委員でいられるのか。誰のおかげか。こんな地位を与えられているのは、他でもない知事でしょ。その知事を刺すのか」「罷免要求を出しますよ」とまくし立てられ「自由に発言できない状況と思っていた。正常な状態で判断できたとは思わない。委員として責任を感じている」と涙をぬぐいながら訴えた。

こうした生々しい告発の場面を撮影したのはMBSのみ。通常であれば委員会会議は記者のみの取材でカメラクルーは入らないが、「委員会会議が荒れるかもしれない」という情報を事前にキャッチしていたのだ。教育委員が目に涙をにじませながら教育長の言動に傷ついたと告発するそのシーンは、合議制で民主的なはずの教育委員会の崩壊を写し出した映像であり、インパクトは大きかった。その後全国ニュースにもなり、繰り返し報道された。問題解決のため第三者機関による調査を求める教育委員もいた。

教育委員会が委員同士の信頼関係を失い、機能不全になりつつあることをリアルに可視化する効果をもたらした貴重な映像。辞任するつもりはないと当初反論した中原教育長は、その後の調査で「パワハラ」が認定され、翌年3月に府庁を去ることになった。任期の途中、教育改革の道半ばである。

政治勢力の歯車にはならず、自らの意見を表明した立川委員が「自由に発言できない」と述べたその姿勢は、政治との距離を保つことを役割とした教育委員会の独立性を訴え、圧力を排するための行為であったと私は思っている。

## 首長との連携強化へ法改正

しかし、現在の教育委員会は、教育委員の公選で選ばれていた教育委員長のポストが廃止され、首長が任命する教育長に一本化、教育長がより大きな権限を持つ体制に改革された(114頁の図)。教育行政における責任体制の明確化と委員会審議の活性化などを図るためだと文科省は説明する。さらに地域の民意を代表する首長との連携の強化もこの法改正の理由とされた。首長が教育委員会と協働する「総合教育会議」を設置し、教育に関する「大綱」を策定する。つまり教育の目標や根本的な方針を首長との議論によって作成することになった。特定教科書に対する抗議ハガキを送りつけてきた防府市市長の松浦正人氏が「やりがいもでてきた」と語った、あの地方教育行政法の改正である。

いっぽう、政治的中立性を確保するため、教育委員会は引き続き「執行機関」であり、総合教育会議の方針を最終的に実行するかどうかの権限は、教育委員会にそのまま留め置かれている。つまり法律上は、子どもの利益に反するような極めて政治的な方針は、その執行権限を行使して委員会が阻止できると解釈される。

教育委員会は、教育が政治に振り回されないよう、独立性を保つためのワンクッションを置くシステムであった。このたがが外される恐れがあるとしたら、教育委員会はより見識のあるメンバーで構成されなければならなくなっている。

元鳥取県知事の片山善博氏は、教育委員の人選にはことのほか心を砕いたと自らの体験を『文藝春秋』(2012年6月号)に記す。教育委員兼教育長に抜擢したその人が「あるときは文科省の圧力に屈することなく、またあるときは県議会議員の横やりを排しつつ、透明性や中立性それに自主性を大切にしながら、筆者(片山氏)が志す教育行政を実践すべく誠心誠意力を尽くしてくれた」と評し、教育に直接介入することなく、それでいて満足感を得たと振り返っている。法改正以前の教育委員会制度においてである。

さらに法改正後の新「教育長」の権限拡大に対し、極めて批判的な意見を述べていたのは、教科書採択をめぐり文科省と対決した沖縄県竹富町の慶田盛《けだもり》安三教育長(当時)だ。2011年、八重山採択地区協議会(石垣市、竹富町、与那国町)が育鵬社の公民教科書を採択するよう答申したのに対し、竹富町教委が「沖縄の基地問題や日本国憲法を丁寧に扱っていない」との理由で独自に東京書籍の公民教科書を採択した。協議会が一括採択する制度上、同じ教科書を使うのが当然だとして文科省が竹富町教委に是正要求する事態にまで発展するが、そうまでして竹富町に育鵬社を採択させようとした背後に「教育再生民間タウンミーティングin大阪」で見たような安倍氏周辺のスタンスが色濃く滲んでいる。

2014年4月、慶田盛教育長は文科省に呼びつけられ、前川喜平初等中等教育局長(当時)から指導を受けるも、話し合いは平行線に。だが実はこのとき前川氏は、面従腹背と言える作戦を練っていた。竹富町と対立しているかのように見えた文科省だが、裏でこっそり指南したという。その後、教科書無償措置法改正によって竹富町は地区協議会を離脱。独自で教科書採択ができるようになった（56頁の図も参照）。「私がやった面従腹背の、最たるもの」と前川氏はその著書の中で語っている。

話の流れを教育委員会制度に戻そう。数年にわたる文科省からの圧力に1ミリも屈しなかった慶田盛教育長は2014年当時、MBSの取材にこう語っていた。

「教育長、教育委員長を1本化する。それを首長が任命する。私が町長から任命されるようになるとどうですか？（町長に）反対できないでしょう」、「町長が教育の目標を設定して（教育長を）任命する。教育の成果なんて簡単に上がるもんじゃない。でも、上がらないと辞めろ、そんなことが平気でできる。中立的な教育はできませんよ」

首長の意向を忖度し、教育委員会の自立性が弱まる、そう危惧していた。

政治権力と強力に結びついた〝スーパー〟教育長が誕生した場合、または忖度ばかりする教育委員で占められた場合、どのような事態を招くことになってゆくだろうか。教育の安定性や継続性、中立性を損なう力に翻弄されないために、1人ひとりの教育委員の果たす役割はとてつもなく大きく、市民らによるチェック機能がますます重要になっている。

## 「ゼロ・トレランス」（不寛容）の先にある排除

最初はどこか他人事のようだった。そう語り始めたのは、大阪市立学校の後藤校長（仮名）である。大阪府知事に就任した橋下徹氏が教育改革を推し進めた当初、対岸の火事のように受けとめた。「府は、可哀そうやな…」と静観した。橋下氏を知る周囲の知人たちが「人柄はいい」「へんな人ちゃいますよ」と話していたからだという。しかし、ダブル選挙を制した橋下氏が大阪市長になったとたん、教育改革の波が身近にどっと押し寄せた。しばらくしてSNSを始めた後藤校長は呟いた。

「営利目的の仕事と公教育は同じマネジメントでよいのだろうか？　成果主義が必要とする部分もわかる。しかし、こんなに拙速に入れたら現場は人心が離れ、人手不足でもたない。どんな難局でも今までは耐えてきたが、今は内から涌き出る拙速という大きな課題が覆っている」、「我々の意見はほぼ全否定で上意下達でロボットのように動く管理職や教育を作ろうとしているとしか考えられない。現場にはなにも知らされず、驚くようなことをよく新聞で知る。どう捉えるべきか？　経験30年の教育のプロが手も足も出ん」

橋下氏が市長になって10カ月後のホンネだった。教育委員会と学校現場は翻弄されていた。

大阪市でも府と同様に教育委員会は当初、抵抗を試みた。しかし、元文部官僚の大森不二雄氏が教育委員に就任して以降、橋下維新が掲げる「教育改革」の代弁者となり、さまざまな政策をリード、委員会の雰囲気はガラリと変わる。委員の入れ替えが進んで大森氏はその後、教育委員長のポストに座った。そこで導入が検討されたのが「ゼロ・トレランス」という教育方針だ。

「トレランス」は寛容という意味。つまり寛容度ゼロ＝不寛容を是とする指導を行い、学校全体の規律を徹底的に守らせる教育方針を指している。日本でも「管理教育」と呼んで、徹底的に校則を守らせる指導が大手を振った時代があった。けれど児童・生徒の自尊心を育むことを妨げるとされ、しだいに不評になっていった。

２０１４年４月22日、橋下市長と教育委員らとの意見交換会でこの「ゼロ・トレランス」が話題にのぼる。大森委員長とともに「グローバル人材育成」の団体を立ち上げていた京都大学経済研究所特任教授(当時)の西村和雄委員が、アメリカにおける「ゼロ・トレ」指導について触れ、議論の口火を切った。

**西村委員**「小さな問題から学校が指導基準に従って毅然と対応し、段階に応じ指導していく。大事なのはルールの明確化と事前のルール設定であり、誰もが納得できるルールが必要。ルールを破ったらポイント制で段階的に指導を行う」

**橋下市長**「ゼロトレについて、モデル校的にやってほしい。教員の権威だけでやっていける時代ではない。ルールに基づいた運営をし、逸脱した場合にしっかり対応することをしてもらいたい」

**大森委員長**「数校で取り組みを進めたい。ルールは人間を窮屈にするものではなく、自由にするものである。ルールを細かくするのではなく、明確にして生徒が自由にできるよう、正義は力ではなく納得できるルールである。楽しく学びたい子どもを守るためのルールが必要。出席停止もする場合は(実行)しなければならない」

2014年5月18日付毎日新聞は「大阪市立校：『問題行動に即罰則』検討　暴力急増背景に」との見出し記事を掲載、次年度に予算化してモデル校に導入する方針であると報じた。

ほぼ同じころ、大阪市教育センターで市教委主催の講演に学校長と生活指導の教員らが集められた。大森氏が「ゼロ・トレランス」の指導方針について語ったのだ。アメリカ流の教育改革がやってくる。

大阪が実験台にされる。この講演に参加した校長たちはそう感じたという。

アメリカ発祥の「ゼロ・トレランス」は、犯罪を抑制するための犯罪学の理論として登場し、社会に浸透していった。鈴木大裕氏は先述した著書『崩壊するアメリカの公教育』でアメリカ教育の最新事情を次のように記す。

「端的に言って『ゼロ・トレランス』とは、巧妙に中性化されたプロパガンダと考えるのが正しいのではないだろうか。『トレランス』は、許容や寛容を意味する。よって、そこには『絶対に(問題とされる行為を)許さない』という行動のメッセージだけがあり、主体や理由等の大事な問いを考える余地は残されていない」

鈴木氏はさらに「落ちこぼれゼロ法」によって劇的に上昇した全国停・退学率と「ゼロ・トレランス」との関係について、現地リポートを引用して鋭く突く。

「『生徒の点数を上げろという指令の下、学区、学校、管理職や教員らは結果を出すための重圧を受けている。このプレッシャーは、実際には、点数の低い生徒の自主退学や排除を奨励、促進するという歪んだ動機を学校に与えている』／このような学校による生徒の排除が最も顕著に見られるのは、学校間の競争に拍車をかけ、公教育市場化の原動力となったチャータースクールだ。高校・大学への進学率100％を売りにする人気チャータースクールは多いが、それら高進学率は、実際にはゼロ・トレランスの徹底による極端に高い生徒の退学率に支えられている場合が多い。校則違反の生徒、低学力の生徒、学習障がいを抱える生徒は、次々に排除または自主退学を促され、一握りの精鋭だけが最後に残るのだ」

私が7年前のアメリカ取材で初めて知った公教育の市場化とともに進んだという「排除の論理」を、最新の現地調査を行った鈴木氏は明確に説明していた。そう言えば、アメリカ帰りの中原元校長が実施した卒業式における国歌斉唱の「口元チェック」も、「ゼロ・トレランス」方式的な発想だったのではないか。

実は大阪市でこの「ゼロ・トレ」導入の検討に至るまでに伏線となる事件が起きていた。市立桜宮高校でバスケットボール部のキャプテンの男子生徒が、部活動中に顧問の教諭から体罰を受け自殺したのだ。橋下氏はこの事件以前は「多少の体罰はあり得る」と容認の姿勢を示していたが、事件を契機に体罰根絶の旗印を大きく掲げた。「体罰は絶対にダメだ」「入試を中止する」と桜宮高校を直接的に指揮、統制する立場に立った。教育委員会を飛び越え、校長権限も越えて、である。体罰指導はもちろん否定されるものであるが、橋下氏が教育現場に強権を発動したことがさらなる混乱をもたらした。当然のことながら教育委員会や学校長たちと猛烈に対立した。

この事件を契機に生徒が先生を煽ったり、標的にする行動が他校で続出していく。生徒のたがを外し、問題行動を増加させたのは橋下氏その人だ、そんな声が現場では上がっていた。あれは「ゼロ・トレランス」へと導く「罠」だったと回顧する教員たちもいる。アメリカ流ゼロ・トレは、「排除の論理」に裏打ちされていたため、それとは異なる、毅然とした指導であっても排除しない「切らないゼロ・トレ」という言葉も大阪の教員たちの間から上がっていた。問題行動の子どもを個別指導し落ち着かせる方法はないかと模索が続いた。

## ゼロ・トレランスと教員管理

特定の生徒をつまみ出す「ゼロ・トレ」方式の導入と重なって見えるのが、教員の人事評価において最下位教員をあぶりだせという論理だ。教育基本条例の原案にあった5段階の相対評価はいったん導入が見送られたものの、現場の学校長に対し「教員を厳しくランクづけしろ」という圧力がかかり続けているという。

これまで絶対評価であった教職員の人事評価に、2018年度より相対評価の区分が設けられ、最上位の第1区分と第2区分の合わせて25％の教員を選び出し、その他、校長裁量の75％と区別しなければならない仕組みが運用されている。さらに評価者研修などを通じて「下位の評価を出せ！」というプレッシャーがこれまで以上にかかっているという。それには市長の意向が少なからず影響しているのではないかと後藤校長は言う。そうであれば、ラヴィッチ教授が「罰、罰、罰」と語った当初の教育基本条例案の考え方が、いまなお政治的意向で残り、消えていないことを意味する。教諭を選別し、分断するための制度に見える。そんな「政治圧力」が水面下でかけられ続けているのだ。

いっぽう、学力テストの結果に応じてボーナスの増減を査定する提案が大阪市長の吉村洋文氏から再浮上した(2018年8月)。これを受けて翌9月に、大阪市総合教育会議で大森不二雄特別顧問が新提案を行い、制度設計が進められた。

教員給与システムにメリット・ペイ方式＝「論功行賞」が浸透すればどうなるだろうか。学力などの数値目標を達成することが教育の第一義となり、極論を言えば首長に盲従し手柄を立てることによってボーナス査定が上がるのならば、公教育は限りなく歪められてゆくだろう。誰のための教育か、その大切な座標軸を見失ってゆく教員が続出するのではないか。

２０１９年１月、学校長に対し、学力テストと大阪独自のチャレンジテストの結果をボーナス査定に反映させる方針が決まった。２０１９年度に試行し、その後本格的に運用するという。これが学校長に限定されると言えるだろうか。学校長が掲げる目標達成にリンクして、教員にも目に見える成果が求められる恐れがある。

同年2月、大阪市議会で、学力テストの結果等を教員給与に反映させる政策に反対する「子どもをテストで追いつめるな！市民の会」が提出していた陳情書が、維新の会を除く、自民、公明、共産などのすべての会派の賛成によって採択された。議長の「賛成の方はご起立願います」との呼びかけに多くの議員が起立したのだった。傍聴した「市民の会」の元教員は感激したという。陳情趣旨には、教育の本質に関わることがこう書かれていた。

「『学力テスト』の点数によって教員待遇のみならず学校予算にまで格差をつけ、教員と学校を競争させることは、テスト対策の増加やテスト対象教科の時数拡大などを招き、教育内容に歪みを生じさせる可能性が大です。その結果、子どもの教員不信が増し、テストに対する不安やストレスが増すことによって学校嫌いになり、かえっていじめや不登校が増えることが懸念されます」

「大阪市の教育をこれ以上歪め、壊すのはやめてください」

前述した教育研究者の鈴木氏はアメリカの現状を踏まえ警告している。要約すると、学校と教員の極端な序列化は、弱者の切り捨てにつながり、彼らの人権剝奪を意味すると。その一部を引用したい。

「ゼロ・トレランスは、原則的に発言力もなく最も脆い社会的弱者の弾圧から始められる。ただ、もっと重要なのは、例外の空間が社会全体にもたらす影響だ。社会的弱者の基本的人権剝奪の真の意味は、それまで人として当然のものと保障されていた権利を不安定にし、それを一部の人間の特権に変えてしまう。新自由主義との合流で、ゼロ・トレランスと並行して行われているグローバルエリート教育の推進は、社会的弱者の切り捨てで生じる公共資源を集中的に配分することで可能になる」

橋下氏から吉村市長へ受け継がれた維新の教育改革の現状について、後藤校長もこう言い切った。

「学力テストの結果による学校選択や教員評価という流れは、公立学校を淘汰するための算段やと思う。勝つ者のための論理。それがこの大阪に持ち込まれている」、「言うても一緒や、と黙っていたら、公教育は確実に壊される」

教育現場における勝者の論理が、知らず知らずのうちに教育を一部の人間の特権に変えてしまう。なんということだろう。「わが国のため」「世界的競争を勝ち抜くため」と一部の政治家が口にする〝高邁な理想〟の出口で待ち受ける結果が、子ども1人ひとりの利益に繋がるかどうかはまったく別問題だ。後藤校長の意見に心の底から同感である。

## 個性溢れる先生たちが、逃げる

2018年3月末、大阪府立高校に勤務するベテラン社会科教諭が、生徒たちから花束を受け取っていた。60歳の定年まで3年を残し退職を決断したのだ。新聞やテレビでたびたび取り上げられる優れた授業実践をしてきた教諭で、これまで何度も取材した。たとえば「高校生が見た府知事選　模擬投票」というニュース特集。18歳選挙権の法制化を機に、府知事選挙に立候補した各陣営に生徒たちが直接ヒアリングに出かけて公約の違いを聞きだし、各立候補者が府民に何をアピールしているかを議論。本物の投票箱を借りてきて最後は模擬投票をする。緻密で考え抜かれた授業実践だった。このときベテラン教諭は、生徒の自主性や議論の経過を重んじる立場を貫き、自身が撮影インタビューを受けることも控える徹底ぶりだった。4月より国立大学の教職課程担当教授となったが、橋下知事(当時)が「(教育施策に)文句がある人はどうぞやめてください」と言ったとき、「そう言われるならやめるしかないな」と怒っていた姿が思い起こされる。彼の勤務校ではこの年3名もの教諭が早期退職し、それぞれ新天地で活躍しているという。

大阪に教育関連2条例が成立して以後、番組宛てに教育現場の現状を嘆くメールが届くようになった。現場からの声は重い。釘付けになったメールをふたつ紹介したい。

「大阪府立高校について、現況を以下に記します。教員採用試験受験者数減にともない、学力的にも非常に低い教師が続々と誕生している。特に倍率の低い国語が危機的である。(中略)この新人は、『僕は本を読まないんです』とまことに明るく述べ、実際全く本を読まず、実に貧弱な世界知識でもって授業をしている。(中略)彼があまりにつまらぬ授業をしているので、『教科書以外で、何か自分の好きな教材、教えたい教材を使って授業をする』ように提案したところ、『やりたいこと、ないんです』と言う。おもしろさを教えたい小説も、詩も、もちろん古典もないという。彼の出身校では、『大阪府の教員採用試験に合格』したら超エリートらしいのだが、本当にこんな人が高校で国語を教えてよいのか。今年赴任してきた校長は、年度当初の『対教師個人懇談』で『マネジメント』『人材』『数値目標』『学校経営』というような商売の言葉を多用したが、私が『校長の教育ビジョン、グランドデザインを聞かせて欲しい』と言うと、数秒考えた挙句『ない』と言った。私は今までにもパワハラ校長や肝っ玉の小さな校長など、いろいろ不作は見てきたが、このような人は初めてである。怒りを通り越して絶望した。（中略）新人の質の低下とも関係があるが、現役中堅の他府県への流出も深刻である。配偶者の故郷の県を受験し、西下してしまった人や、『子育てはやはり田舎で』と兵庫県に異動した人がいた。彼らは、現在の待遇は大阪よりずっとよいと喜んでおられる。（中略）非常勤講師も以前は大阪で登録していた人が奈良、京都、兵庫、に移った。確保が困難で、4月になっても非常勤枠が埋まらない例もある。現場の声としてお聞きのうえ、今後の報道に活かしていただければ幸甚です」

「我が家の子供が、通っている中学校のことでメールしました。夏休み明けで学校に行くと、理科担当の隣のクラスの担任が退職したとのこと。原因は、心の病気だそうです。それから約一カ月、替わりの先生が来ることもなく、プリント学習を続けている毎日みたいです。学校に問い合わせると、来月には替わりの講師が見つかると思うので、それまで待ってくださいとのこと。一カ月も何も教えていないこと自体、異常なのに」

維新の会による教育改革の嵐が吹き荒れたころ、複数の大学教授が「しばらく大阪の教員採用試験は受けんほうがいいな」と学生に助言していたり、優秀な学生がこぞって「大阪で先生になるのはやめよう」と話しているなどと耳にした。そんな時期に重なるメールだ。

『教育と愛国』の制作で京都府内の私立一貫校を取材した際には、「力のある大阪の公立教諭が京都の私立高に何人も来てくれて、とても喜んでいる」と聞いた。また最近参加した学習会でも、学力テスト結果による学校長評価が導入されれば「大阪からの先生の流出が、さらに続く……」とパネリストが発言し、暗い空気に包まれた。

## 慰安婦授業と維新・自民勢力による〝教師狩り〟

２０１９年に入って早々、大阪の教育において、まさかと思うふたつの出来事が起きた。政治勢力から最大級の圧力をかけられ、土俵際で堪え切れずに府教委が力尽き、桟敷席へ転げ落ちたように見えた。その出来事はいずれも、その３カ月前に共同通信から配信された記事（２０１８年10月８日付愛媛新聞ほか掲載）を契機に起きた。

問題の記事は「憲法マイストーリー」というタイトルで、吹田市立中に勤務する社会科の女性教諭、平井美津子さんの多角的な授業実践を好意的に取り上げる内容だった。慰安婦問題に触れる過去の授業内容も紹介され、当時の授業を受けた生徒の感想が書き込まれた。その生徒の声をなぞるように愛媛新聞は「私が慰安婦にされたら」という小見出しを付けていた。実際にこうした慰安婦の授業をしたのは10年以上前のことだったが、記事を通読した限り、その授業がいつ行われたものかはわからない。

この慰安婦を取り上げる授業に嚙みついたのが、維新の会の吉村洋文大阪市長（当時）だ。２日後の10月10日、平井さんを紹介する新聞記事を添付したうえで「世界の性暴力や女性差別問題を生徒に教育するのは賛成だ。しかし、慰安婦問題を扱うこの教諭は、先の国会で河野外務大臣が『史実に反する』と答弁した事実は生徒に伝えてるんだろうか。歴史学者の反対の立場を生徒に伝えてるんだろうか。公立公務員の教員の授業だ。新文科大臣はこの現状を知ってくれ」とツイートし、慰安婦問題を公立校で教える平井教諭の姿勢に疑義を呈した。そして学校名も載ったその記事と、「これでは韓国と同じ事を、日本の子供たちに押し付けていることに〜。安倍総理の努力も無駄骨か」と痛烈に批判する人のツイートまでフォローしていた。

さらなる〝集中砲火〟を浴びせたのは維新などの大阪府議会議員らだった。10月の府議会教育常任委員会で、延べ12人もの議員が次々とこの記事に触れて、追及を続けた。1人は教育の自主・自律を唱える立場だったが、残りはすべて平井教諭の授業は問題であると断罪していた。教育内容に踏み込んで、たとえばこんな質問がなされた。

**西田薫議員**（維新）「（記事が）事実ならば、この教諭は教師ではない、活動家だという方もいました。この人は20年にわたり教壇に立っているということです。この教育公務員が指導した生徒はのべ何人になるんですか」

**桝田大阪府教育庁小中学校課長**「一般的な中学校の規模・生徒数から考えますと7000人から8000人程度と概算できます」

**西田議員**「8000人ですよね。まさしく洗脳教育・思想教育だと。8000人の純真無垢な子どもたちにこうした教育を今までされていたと思うと大問題だと思います」、「他の小中学校でも行われているかどうか、即刻、市町村教育委員会に調査すべきと思いますが、どうですか」

**桝田課長**　「歴史的事象を一面的に捉えるなどの不適切な指導がないかは、市町村教育委員会に対しまして、調査・把握・指導したいと思っております」

平井教諭は、これまでの教育実践をまとめた書籍『「慰安婦」問題を子どもにどう教えるか』(高文研)を2017年に出版。内容は慰安婦に限ったものではなく、いまを生きる子どもたちと向き合う社会的テーマの授業内容を執筆している。複数の大学で講義もする、実力のあるベテラン教諭であったため、保守系の政治勢力から目をつけられていたのだろう。共同通信の記事が配信されるやいなや、インターネット上で「これは酷い」「慰安婦問題を生徒に吹き込む反日教師」といった誹謗中傷が大量拡散されていった。

吉村大阪市長はさらに畳みかけた。産経新聞の記事「歴史教育での不適切な指導　全小中学校で調査へ」(2018年10月17日付)をツイッターにアップし、「『慰安婦』については、中学校の学習指導要領にもないし、検定教科書にも記述はない。児童生徒にとって大切で貴重な授業時間だ」と非難した。維新という政治勢力が、1人の女性教諭を包囲するような様相になっていた。

吉村市長は18日の定例会見で記者から問われた(次頁の写真)。

**朝日新聞記者**　「吹田市立中学校の授業に関し、なぜ(ツイッターに)投稿したのか?」

**吉村市長**　「いわゆる慰安婦の授業をしてその授業については学習指導要領にもありませんし検定

会見する吉村洋文大阪市長(2018年10月).

教科書にも載っていません。そういったものに一生懸命授業時間を費やしている。（中略）学習指導要領にないようなことを一生懸命にやっているのはいかがなものかと思ってつぶやいた」

**MBS記者**　「学習指導要領についての認識は？」

**吉村市長**　「この要領に従って中学校の公教育をしてくださいという指針だと思っています」

**MBS記者**　「学習指導要領は最低基準、それ以外は学校個別に授業してもよいが…」

**吉村市長**　「いや、それはもちろん、いろんな学習活動はやったらいいと思いますよ。それぞれの学校の判断でそれぞれのことをするのは当然、ある話でしょう」

**MBS記者**　「吹田市の件、最低限の学習指導要領をクリアしていれば授業してもいいという考えか？」

**吉村市長**　「だから、僕はあの授業をするのであれば、反対の立場をきちんとやっているのかと非常に疑問に思っている。一方の政治的な主張をね。記事をベースにして考えたけど、（教諭の）自分の政治的な活動の思いの中で授業をやっているんであれば控えるべきと思う」

要するに学習指導要領を意図的に曲解して目くらましの論陣を張り、「慰安婦問題の授業は控えるべき」「あの教諭はルール違反」との見解が広まることを目的にしたと言える。

平井教諭の授業内容は日本政府の見解も取り上げ、一方的にならないよう工夫されており、吹田市教委は「不適切ではなかった」と判断した。だが記事中に「従軍慰安婦」と書かれており、「従軍」とあるからには「軍が積極的に関与した」、あるいは「強制連行した」という文脈のみで平井教諭が教えているに違いないと非難した。そのように記事は「読み取れる」と維新議員らは口を揃える。

こうした〝連携〟による影響力だろうか、勤務先の中学校や吹田市教委に抗議の電話が何本も入るようになっていく。11月に入ると、同中学校に差出人不明の脅迫状が届く。翌々日に京都で校外学習を予定していたのだが、卑劣なことに「京都で襲撃するぞ」と書かれていたので、安全を確保するため、生徒たちが楽しみにしていた校外学習は急遽中止になった。文面には平井教諭の名前も慰安婦という言葉もまったく書かれておらず、記事との因果関係は明らかでないが、学習を妨害しようと悪意を持って脅迫状を投函したのは間違いない。言葉の暴力で陰湿な行為だ。中学校は警察に被害届を提出した。

すると事態はさらに新たな局面へと向かう。12月の府議会教育常任委員会で今度は、記事を配信した共同通信に対し抗議すべきだと主張する議員らが次々と現れた。どうもマッチポンプのように思えてならない。2週間あまりで中学校に対し抗議電話などが約20件、吹田市教委には約30件の電話やメールが寄せられたというが、この程度の数ならば、右翼的な特定勢力が動けば軽々とできてしまう。この記事をめぐり、ここまで大騒ぎすることなのだろうか。

だが、これら議会での追及を受け、吹田市教委と大阪府教委は足並みを揃え、共同通信社に対し「慰安婦の授業が行われているとの誤解を招く記事となっている」「非常に遺憾な状況」との文書を突き付ける。とりわけ吹田市教委は「記事の取り下げの諾否」までをも要請する、「圧力」と呼べる文書を送付した。学問と教育の自由は言論の自由と不可分だと考えていた私は非常に驚いたが、そうは言っても、これら文書のやりとりで事態は収束するだろうと思っていた。しかしそれは甘い考えだった。

年が明けた2019年1月25日、大阪府教育庁教育次長の中野伸一氏、市町村教育室小中学校課長の桝田千佳氏が東京の共同通信本社をわざわざ訪問し、正式に記事の修正等を申し入れる事態に発展したのだ。出張旅費を費やしての直接行動である。政治的圧力に晒された府教委が、その矛先をメディアにまで向けてゆく事態に唖然とした。冷静に考えれば共同通信社を訪問しても何ら建設的ではない。なぜならば、慰安婦問題を取り扱った1人の教師を標的にしようとする勢力が存在しなければ、共同配信の記事はこれほど非難されるような内容ではないし、学校へ抗議する人は現れなかった可能性が極めて高いと考えられるからだ。共同通信と大阪府教委、両者の溝は埋まらなかった。

さらに同日、当事者である平井教諭に対して信じがたい対応がとられていた。授業がある時間帯であるにもかかわらず、自習にさせて府庁に呼び出し、府の担当者が事情聴取を行ったのである。平井教諭はすでに吹田市教委に対し、記事が掲載された事情や自身の授業内容について詳細に語っており、吹田市教委は大阪府教委へその報告をあげていた。にもかかわらず、府の面談は2時間20分に及ぶものだった。

ここであえて挙げるならば、共同通信の記者の側には一つだけミスがあった。学校長の許諾なく平井教諭の授業風景を撮影し、さらに記事を配信する際、学校長に事前の連絡を入れず、了解も取らずに学校名を記事中で明らかにした。これは取材者側に必要な配慮が足りなかった。

維新議員らは学校側の施設管理権が侵害されたという点も議会で糾弾した。だが、府の面談はこの点に加え、授業内容や慰安婦をテーマに研究出版した書籍に関連することについて1時間半にわたり細かな質問がなされ、平井教諭は「それらにはお答えできません」と回答拒否を繰り返したという。

教育課程や授業内容は当然ながら学習指導要領に沿わねばならないが、それをどんな授業にするかは教員と学校長の権限である。慰安婦問題を中学生に教えるかどうかの判断は原則、現場の学校がするものだ。教えてはいけないという法律やルールは一切どこにもない。もちろん教えるにあたっては、子どもの成長段階を踏まえ、多角的視点を備えた上で授業を組み立てなければならないし、真理を追究する学問の一つとして扱うべきもので、政治的主張を生徒たちに教え込むものであってはならない。現に文科省検定済み「学び舎」の中学教科書には、慰安婦問題や「河野談話」が載っている。けれども「慰安婦」という言葉一つに反応して「強制ではなかった」などとことさら強調してバッシングする行為は、特定の政治勢力にとって常套手段になりつつあるようだ。

平井教諭を中傷するツイッターの投稿の中に「従軍慰安婦×　追軍売春婦○」という書き込みを見つけた。このわずか2行の言葉が放つメッセージ。「慰安婦」の存在そのものを捻じ曲げて消し去り、戦時中に性を売り物にした商売女がいただけだとフェイクを主張する、そんなとてつもない女性蔑視の眼差しにやり切れない気持ちになった。過酷な戦場では常に女性たちの性は兵士らによって蹂躙され、支配される。世界史を繙けば、誰もが知る歴史的事実である。いわゆる「強制連行を直接示す資料はなかった」と日本政府は答弁するが、意に反して「慰安婦」にさせられた女性は数多くいる。日本軍の慰安婦問題は、むしろ他国との論争を網羅してきちんと教える必要性に迫られている時代ではないのか。ところが、流れは逆のようだ。関係者によれば、平井教諭に対して聞き取りを行った管理職は「二度と慰安婦を教えないと言ってください」と迫ったという。その真意はわからないが、慰安婦を取り上げる授業をして議会から槍玉に挙げられるぐらいなら、教えないほうがよい、という判断なのだろうか。

年度末を迎えた2019年3月27日、大阪府教委の酒井隆行教育長は、定例会見で平井教諭への「訓告」処分を発表した（発表時は匿名）。取材依頼や記事掲載を校長に報告しなかったため、不適切な授業が行われているのではないかとの誤解を生んだという理由だ。校長はより重い「訓戒」処分となった。

服務上の措置と呼ばれる、こうした処分は、地方公務員法に基づく懲戒処分ではないため本来ならば発表されない人事案件だが、記者資料4頁を配付して説明したことについて酒井教育長は「府議会から会見をしてきちっと説明しろという要請があった」と述べた。異例づくめの処分だった。

## 7　前川喜平氏が語る政治と教育の攻防

文科省の天下り問題で引責辞任した元事務次官の前川喜平氏。森友学園に続く加計《かけ》学園の獣医学部新設問題をめぐり、「総理の『ご意向』と書かれた文書は本物。行政が歪められた」と告発した元官僚が、その後2018年2月、名古屋市立の中学校に招かれて授業をしたことについて、ある圧力がかけられた。

文科省教育課程課が「前川氏を招いた経緯を具体的かつ詳細にご教示ください」と15項目の質問を、名古屋市教育委員会にメールで送ったのだ。「天下り問題により辞職し、停職相当とされた経緯あり」「道徳教育が行われる学校の場に、どのような判断で依頼されたのか具体的かつ詳細に」などと尋ねていた。さらにこれらの質問は、自民党文部科学部会長の赤池誠章参院議員と部会長代理の池田佳隆衆院議員によって藤原誠官房長(当時)を通じ、担当課に依頼されたことが判明。大村秀章愛知県知事はこうした文科省による介入について、「常識外れで、開いた口が塞がらない」と痛烈に批判した。2人の与党政治家の意向をそのまま仲介した藤原氏はその後事務次官に就任する。

教育への政治介入を取材してきて、これは見過ごせない問題だ。教育行政のトップだった人物が、いまや政権から標的にされる中で起こった出来事。前川さんに会ってインタビューしたいと考え、コンタクトをとった。自分が記者として30年近く見つめてきた教育が直面する問題点について、いろいろ聞いてみたいと思った。文科省の中で事務次官にまで上り詰め、政治家との攻防を体験してきた前川さんの話は実にリアルだった。

## 防波堤になる教育委員会、ならない教育委員会

――前川さんが授業をなさったことに圧力がかかりました。名古屋市教育委員会の対応をどう感じましたか。

あのときの名古屋市教育委員会と、当事者だった校長先生の対応は非常に良かったと思いますね。この件は二重の意味で問題があって、一つは政治による教育への介入、と同時に、国による地方への介入でもあります。それに対して教育委員会は「そんなことできません」と防波堤になったわけです。名古屋市教委は、学校現場の自主性をちゃんと守るという役割を果たしたと思います。

非常に高圧的な質問状が文部科学省から来たわけですけど、それに対して答えてはいるんです。こんなのは不当な介入だ、回答しない、と突っぱねたわけではなく、とりあえず回答はしている。文科省の顔も立てつつ、しかし実質はほとんど答えていない、みたいなね。まあまあと、いなした感じです。授業の講演録や録音データがあるなら出せ、なんてことを文科省は言ってきましたけど、名古屋市教委も学校もそれは出さなかったですね。非常に大人の対応で、しかも適切な対応をしたと思います。

いっぽうで有名な裁判で、東京都立七生《ななお》養護学校事件がありますね。あれは東京都の教育委員会が、

現場を守らなかったという事件です。知的障害のある子どもたちの学校に対して、東京都議会の古賀俊昭氏らの不当な介入があった。

筆者注　２００３年、七生養護学校（現東京都立七生特別支援学校）を視察した自民党都議ら３人が、性教育の授業内容が「不適切」だと教職員を激しく非難。産経新聞記者が同行し取材、記事を掲載した。校長と教員らが都教委から処分を受け、裁判に訴えた。

同校で行われていた性教育が日本の家族のあり方にそぐわないとか、要するに戦前の家族制度を前提にしたようなものの言い方で性教育を攻撃する政治家らがいて――日本会議系の人たちですが――学校に乗り込んで教材を没収したり教職員に罵声を浴びせたりした。そのとき東京都教育委員会は、一緒にくっついてきて、それを阻止しようとしないばかりか、その後、性教育に携わっていた教職員を学習指導要領に違反したという理由で処分しました。それに対して訴訟を起こした教職員の側が勝訴したんです。２０１１年の東京高等裁判所の判決は非常に優れた判決だと思います。まず、東京都議会の古賀氏ら議員の行為は、教育基本法が禁じる「教育に対する不当な支配だ」としました。「教育は不当な支配に服することなく」行われるべきものである、というこの条文は２００６年の教育基本法改正後もかろうじて残ってるんですよ。これが残ったのは非常に幸運だったと思っているのですが、これは非常に大事な言葉で、１９４７年にこの法律が制定された当時（の帝国議会で）、不当な支配をするのは誰だと考えているのかという質問に対して、文部省が「それは、政治家と官僚だ」と答えているんです。つまり不当な支配をするのは政治権力、国家権力を持っている側なんだと。今回の名古屋市の中学校のケースでもそうだったわけですけどね。この七生養護学校事件で高等裁判所は東京都議たちと東京都に対して損害賠償命令を出し、まずその処分は不当だということで取り消す。これは学習指導要領違反はなかったという考え方で、「学習指導要領は一言一句守らなければならないものではない」と言っているのです。

最近の学習指導要領は非常に細かく書かれていて、あれを全部守れって言ったら、授業なんてできません。１９７６年の旭川学力テスト事件の最高裁判決という有名な判決があり、それまで違憲か合憲かの争いがありましたが、ここで学習指導要領の合憲性が認められました。しかし最高裁が何と言ったかというと、これは大綱的基準として認められると。平たい言葉でいえば、大雑把な基準ということです。

――であれば、学習指導要領に書いていないことを教えたらいけないとは……？

間違ったことを教えたら問題ですが、学習指導要領の最低限必要な部分は教えなさいということであって、それ以外を教えてはいけないとは言っていません。

――大阪の教育を変えようとする維新の会の主張では、慰安婦をことさら取り上げるのはおかしい、公立中学で教えるべきではないというのですが。

それはおかしいです。慰安婦について書いている教科書はあるし、文科省も慰安婦のことを教科書に書いてはいけないとも、教えてはいけないとも言っていません。私個人は学習指導要領に教えろと書いた方がいいと思いますけどね。指導要領に書いていないものを教えてはいかん、なんてことは全然ない。やっぱり教育の自主性は尊重されなければいけないんです。ここでの教師の専門性というものが大事で、それは教師自身が学問の自由に則って教えるんだという考え方ですよね。

——慰安婦問題は学習指導要領に書いていないから、教える先生は偏向している、思想教育だと広めるような言い方を議会などでしています。

それは教育の自主性の中で考えられるべきものであって、教育者の間で批判することはあっていいと思いますが、政治家が言ってはいけないことだと思いますよ。

筆者注　２０11年9月16日、七生養護学校事件の東京高等裁判所判決(平成21年(ネ)第２６２２号)より「学習指導要領の性質及び効力」について記述する箇所は次の通り。

「学習指導要領は、教育の内容及び方法につき地域差、学校差を超えて全国的に共通なものとして教授されることが必要な最小限度の基準としての大綱を定めるものである(最高裁学テ判決参照)から、その大綱的基準の枠の中において具体的にどのような教育を行うかという細目までは、定められておらず、また、最小限度の基準である以上、定められた内容及び方法を超える教育をすることは、明確に禁じられていない限り、許容されるということができる。(中略)学習指導要領に記述されている内容は、膨大であり、記述の仕方にも様々なものがあるところ、その一言一句が拘束力すなわち法規としての効力を有するということは困難である」

http://kokokara.org/pdf/shoko/kokokara_kousai.pdf

——吹田市立中の特定の教諭が標的にされたのは、いわば「教師狩り」のようなものと思うのですが。

そういう政治家の言動こそが不当な支配です。教育委員会は防波堤にならなければいけないんですよ。七生養護学校の事件で東京都に損害賠償を命じたのは、現場教職員に対する「保護義務を怠った」という理由です。教育行政には、政治からの介入に対して教育現場を守る、保護する義務がある。こういう動きがあったときには教育委員会がぴしゃっと「これは不当な支配です、こういう政治的な介入は許されないんです」と言わなきゃいけない。そのために本当は教育委員会があるのですが、教育委員会が迎合してしまっている。だからこそ高裁判決が、それじゃダメだろうと叱っているわけです。教育委員会はそういった政治的な圧力を遮断するために合議制になっているのですから。

慰安婦については、むしろ教えるなと言っている人たちのほうが偏った認識を持っているのではないでしょうか。歴史は学問の成果に基づいて教えるべきなのであって、政治的な意見がそこに介在してはいけない。社会科学である歴史学という学問の成果に基づいて教科の教育内容が決まってくるわけで、それは教育の実践の中でチェックされるべきもので、政治がとやかく言ってはいけない。ただ今後は、政治家と同じ立場で慰安婦のことを教える人が出てくるかもしれないと危惧しています。私から言わせればそっちのほうが心配です。騒いでいる政治家たちはつまり歴史修正主義者ですから。

「学問の成果に基づいて教えるべき」と前川さんは訴えた。これは何も歴史教育に限ったことではなく、すべての教員に投げかけられた言葉だ。さらに大阪が起点となった教育委員会制度の見直しについて聞いてみた。

## 現状の教育行政制度をどう見るか

――教育委員会制度の改革後については、どうお考えですか。

２０１４年の地方教育行政法改正は、私が局長のときにやったことで、忸怩たる思いがあります。安倍首相直属の諮問機関である教育再生実行会議から首長の権限を強めろと言われたわけですが、教育委員会制度の根幹は残したのです。教育の内容に関することは教育委員会の専権事項だという一線は崩していません。

いくつかの点で首長の発言力を強めたのは間違いないけれど、発言権と発言力は区別しないといけない。法的な権限という意味での発言権が増えたのかと言えば、増えていません。関与が強まったのは確かですが、それには大きく3点あります。

一つは教育長の任命権を教育委員会ではなく、首長にしたという点。しかし、それまでも教育委員の任命時点で教育長はこの人しかいないというのはほぼ明らかで、事実上の任命権が首長にあるのは以前から自明でしたから、これは実態に制度を合わせただけだと言ってもいい。ただ、委員長と教育長を一本化したというのは——文科省の言い方を借りれば教育長の責任を明確にしたということですけれど——合議体としての教育委員会の力を削いだとも言えます。しかし、合議体であることに変わりはない。教育委員会の主宰者・代表者が委員長ではなく、教育長になったということです。

2点目に、（各地方自治体に）「総合教育会議」というものが設置されました。これは会議と名前がついているけれど、単なる協議の場です。地方自治上の一執行機関である首長と、もう一つの執行機関である教育委員会の間で、少人数学級と教員定数増とか、保育所と幼稚園、私立学校と公立学校など隣接する部分についてすり合わせをする。そういう場であって、一つの合議体として意思を持つのではなく、独立の意思を持った執行機関同士が協議する場という考え方なのです。総合教育会議の主宰者は首長ですが、首長が教育委員会の専権事項に口出しできるわけではない。

3点目に、教育行政の大綱を決める権限が首長にあることにしました。たとえば私学や大学に関する教育行政、公立学校や社会教育機関に関する条例案や予算案を作成して議会に提出する権限は首長にあります。それらを含めて総合教育会議で議論したうえで、大綱全体をまとめて作るのが首長の仕事になっていますが、教育委員会の専権事項はあくまで教育委員会が決めた通りに書かなければならず、教育の目標などに対して首長はああせいこうせいとは言えないものです。首長はまとめ役に過ぎないということです。

ですので私に言わせると、何か権限が教育委員会から首長に移ったのかといえば、そんなことはありません。しかし、以上のようないろいろな仕掛けが加わることによって、事実上の「発言力」が強まっちゃったと言える。それをテコにして教育の中身に介入しようとする。特に教科書の採択に介入しようとする首長が増えてきましたね。

前川さんはこの後、教科書採択についての実体験を率直に話す。「学び舎」の教科書採用に抗議ハガキを送りつけた前防府市長らの「教育再生首長会議」について、次のように語り始めた。

「教育再生首長会議」のメンバーは皆さんそういう(教科書採択に介入する)傾向を持っています。私は現職時に地方教育行政法改正をやった後、その会議に2〜3回は呼ばれました。彼らの関心は、特に教科書採択についてなんです。改正で首長の権限はどうなるのか、と訊かれたので、「(教科書採択は)首長に権限はありません。あくまでも教育委員会の専権事項です」と言い続けていました。

ただ制度上はそうであっても、もともと教育委員は首長が選任しますから、教育再生首長会議のメンバーのような人たちが長く2選3選と続いていくと、同じような意見の人がどんどん教育委員になっていってしまう。そうしないためには結局首長を変えるしかない、または議会の構成を変えるということもできます。そういう二元代表制のもとで議会と首長がねじれているというケースはあちこちにあります。

でも繰り返しますが、首長が教育行政に関する大綱を決める権限を持っていることになっているけれど、それは大綱を文字通り紙に書くことの権限であって、中身についてはそれぞれ教育委員会の専権事項、首長の専権事項があり、教育の内容に関する権限は教育委員会にあります。首長には教育の目標を決めるなんていう権限はありません。

――でもそこをいま、拡大解釈しようとする首長が目立ちます。

多いですね。特に教育再生首長会議に加わっている首長さんたちは、教育の中身に介入しようとしていますね。日本会議系の人が多いと思います。この人たちは歴史教育や道徳教育について異常な熱意を持っています。市町村議会や市町村長にそういう右翼的思想を持った人がどんどん入ってきている気がする。維新は基本的に日本会議と思想傾向が近く全体主義的な傾向が非常に強いと私は思います。「仕事しない」と教員をこき下ろし、それで一般の人たちの支持を得ようとする手法が日立つ。「悪い奴」を作り上げてバッシングし、自分たちはそれを正す正義の味方だというふうな形をとろうとする。これも一つのポピュリズムでしょう。橋下さんなんかは、ポピュリズムのどこが悪いんだって開き直っていますが、私はポピュリズムは危険だと思いますね。

民主主義って、ひとりひとりが自分で考えて冷静に判断するという前提でできている仕組みだと思いますが、それが効かなくなって、プロパガンダや扇動で大衆を動かして、その多数の支持が得られればそれが正義なんだという考えが出てきているのは非常に危ない。数は力だ、力は正義だという考え方ですね。ひとりひとりが違っていいんだという考え方ではなくて。

――そういう考えの方向性が教育にどんどん入り込んでいると思います。

入り込んでますよね。安倍政権と大阪の維新は、非常に考え方が似通っています。森友学園問題も本質はそこにあると思います。あのような右翼的な学校を設置認可しようとしたわけですから。教育勅語を子どもたちに暗唱させるなんていう学校をいい学校だと、評価していた点は共通しているんですよね。教育勅語は個人の尊厳を大事にする日本国憲法とは相いれないものだし、1948年に衆参両院で決議までされて排除・失効確認されたはずなのに、そういうものを復活させる学校がいい学校だというのは。大阪での認可は一般的な規制緩和であって森友学園のためにやったんじゃないと言っていますが、あの規制緩和を使おうとしたのは森友学園しかないわけですからね。

私の見るところ震源地は橋下さんで、松井さんは引き継いだだけで、ご自身が森友学園に肩入れしていたわけじゃないと思う。私立学校審議会はかなり無理をして設置認可の答申を出している印象です。知事を忖度して事務方が働いたんでしょうが、松井知事の方は森友学園を支えようとしたら自分が危ないということを早く察知して切り捨てちゃった。

――教育委員会が、首長のご意向を反映する機関になり下がってしまう可能性はありますか。

現在の任命制のもとでは、ありえますね。かつての公選制では委員5人のうち1人2人は首長に反対する人が教育委員会の中にいるということも起こりえたでしょうけど、いまの任命制のもとでは首長と意見を同じくする人が大勢を占めるのは、仕方ないっちゃ仕方ない。しかしそれでも、ちゃんと委員同士で議論をし、どんな議論をしたのかを住民に示すという透明性と公開性が確保されていれば、何でも首長の言うとおりに決めるということはできないはずなんですよ。合議制機関のいいところは、多様な意見が出てくることによって慎重な判断をすることができ、極端な方向に走らなくなることです。そういうメリットは引き続き教育委員会制度にはあると思う。それから首長が変われば、任命する教育委員はまた違う色合いになってきますから。

ただ、首長の姿勢にもよると思うんですよ。多様な意見の人が教育委員にいたほうがいいと考えている人であれば、そういう任命をすると思いますが、自分のお友達ばっかりにしようと考える人の場合には、本当にそういう人ばっかりになっちゃうでしょう。教育委員会は教育に対する住民の多様な意見を反映することが期待されている。だから教育委員にはいろいろな意見を持つ人が任命されるべきです。5人では少ないというのが私の考え。教育委員の数は条例で増やすことができるので、10人ぐらいに増やしたらいいと思います。

——政治介入を排除する特効薬はありませんか。

特効薬は難しいですね。処分に対して徹底的に抵抗して不当だと訴えた七生養護学校事件のように、最後は裁判所に訴えるという方法はあります。でも最近は裁判所も当てにならないですからね。

——政治介入に対し抗えなくなっていく空気が強く、教育が萎縮している気がします。

とても危険な状態で、学校の先生が権力に萎縮したら、本当に日本は終わりだと思いますね。心配で心配でしょうがないです。昔、日教組が強かった時代にはそんなことはなかったけれど、いまは組合も弱くなってしまったし。声の大きい、恫喝するような政治家が跳梁跋扈している。1930年代に似てきていると思います。

文部官僚として教育を見つめてきた前川さんは繰り返す。何をどのように教えるかという教育の自主性は、子どもたちに向き合う、学校現場の教員に委ねられていると。そして教員こそが自ら主体的に学ぶ学習者であるべきだと。「教えるとは、希望を共に語ること、学ぶとは、誠実を胸に刻むこと」。フランスの詩人ルイ・アラゴンのそんな詩のフレーズをふと思い出した。

# 終章　大阪らしい教育から民主主義教育へ

記者になって2年目の1991年、自身で初めてキャンペーン報道の形をとり、何度も取材を重ねた特集テーマが「保健室登校」だった。夕方の関西ローカルだけでなく、TBSの「筑紫哲也　NEWS23」で全国にも流れ、大阪府内の先生たちとの交流が始まった。

教室に入ることのできない不登校の生徒を保健室で受け入れ、担任らと養護教諭が協力し、保健室から教室に通えるきっかけ作りをしてゆく。学校の中に心の居場所、心のオアシスを作ろうという実験的な取り組みが、小中高校のあちこちで起きていた。目の前の児童・生徒にどう向き合うか。一連の取り組みを取材する日々は、とても楽しかった。

在日コリアンが多い下町の大阪市立の中学校。この学校では不登校というより、勉強が嫌いだったり、家庭環境にさまざまな問題を抱えていたりする生徒が保健室にどっと押し寄せていた。教室からは少し離れた運動場に面した一角にその保健室はあった。養護教諭の横井節子さんは、まさに大阪の肝っ玉母さん。この保健室に数カ月間密着すると、毎日のように、えっ！と驚くアクシデントに出くわした。

ふざける男子生徒が横井先生のお尻を勢いよく蹴る。先生は「なにすんねん！」と即座に軽く蹴り返し、軽妙に説教をする。悪ぶっているそんな男子生徒が指にケガをし、消毒液を塗ってもらいながら「イタタタ…！」とベソをかくシーンには思わず笑った。校則違反の制服を身につけ、いつも反抗的な態度だった女子生徒が、ある日ガラッと保健室の扉を開け、「先生！ 高校合格した！」と喜びを体いっぱいに駆け寄ってくる姿は感動的だった。

生徒指導をする美術担当の浮田茂先生と横井先生の二人三脚、阿吽の呼吸といえる指導も目を見張るものだった。病気でもないのに授業をサボろうとベッドに転がり込む生徒を、浮田先生が連れ戻しにやってくるのだ。「おまえ、わかっとるやろ！ 病気ちゃうやろ！ ここは休憩時間だけや」。どこかクスッと笑いがこぼれるやりとりがあり、保健室から強引に連れ出されてゆく。手荒な指導にも見えるけれど、肌が触れ合う温もりが流れているのが伝わってきた。

ヤンチャの代表格で横井先生の手を最も煩わせていたのは、豊山昌彦さんだった。「オマエなら相撲取りになれるで」と友だちにからかわれるほど大柄な彼は、母親が焼き肉店を営んでいた。母親はよく学校から呼び出しをくらい、彼の〝不祥事〟に頭を下げた。ヤンチャが過ぎることは日常茶飯事、保健室の常連組だった彼は教室へ連れ戻されるナンバーワン。その彼が、卒業式では意外にも号泣した。式場を出る間際、涙をぬぐいながら私たちのカメラを覗き込み、「横井、がんばれよ!!」と笑みを浮かべた。最高の笑顔だった。豊山さんは、親元を離れ入学した私立高校でラグビーを始め、なんと全国大会に出場する。その後大阪体育大学へ進学、ラガーマンとして活躍し、大手自動車メーカーに就職、社会人ラグビーを続けた。いまは4児の父親となり、仕事に専念するが、「中学校でお世話になった先生たちの支えがなければ、ラグビーに出会っていなかった」と話した。保健室で出会ったとき、彼がこのような人生を歩むとは想像できなかった。もし当時の中学校が「ゼロ・トレランス」方式を採用していたら、学力テストによる教員評価を徹底していたら……。彼の人生はまるで違ったものになっていただろう。

大阪市立の大空小学校を舞台としたドキュメンタリー映画『みんなの学校』(関西テレビ放送制作、2014年)でも、まさに大阪ならではのシーンが次々と繰り広げられる。「不登校も特別支援学級もない　同じ教室で一緒に学ぶ　ふつうの公立小学校の　みんなが笑顔になる挑戦」と映画のパンフレットに記されているが、さまざまな個性の子どもたちがぶつかり合い、先生たちもありのままを受け入れる。ときに叱られたり、友達同士で喧嘩もしながら、子どもたちはそれぞれのペースでゆっくりと成長してゆく。一つの色に染まらないダイナミックな学校と、その学校を支える地域の人びとが生き生きとした表情で登場する。

こうした大阪における教育の原点は、お互いへの信頼感からしか生まれない。さまざまな家庭で育つ、多様な子どもたちを包みこむ先生各々の力量とチームワーク。学力テストの点数アップを目標の一つにするにしても、それは学力のごくごく一部のモノサシにしかすぎない。そのことを忘れ、数値ばかりに目が向けば、大事なそのほかのものを失ってしまうだろう。教員への不信に根ざした政治的改革の言葉が意図的にばら撒かれれば、公教育を破壊する効果を十分に持ちうるであろう。

少し横道にそれるが、大阪らしいと思える教育の実践例は他にもある。たとえば、選挙権年齢が18歳に引き下げられた2016年6月を直前に控えた子どもの日。「有権者となる高校生は、デモに参加する自由はあるかどうか」をめぐって議論がおきていたが、MBSの情報番組でも高校生がデモに行くことに賛成・反対、両方の意見がスタジオで繰り広げられた。そのＶＴＲの中で大阪府教育庁の担当者はインタビューに答え、「高校生が学校外で行う政治活動については家庭の理解のもとに生徒自身が判断すべき」とし、デモへの参加届を生徒が学校へ出すようなことは不要とした。「この社会はいろんな価値観が集まって成り立っている。さまざまな意見をぶつけ、合意形成していくというスキル、態度が必要だと思う」と語った。

## 民主主義って何？

最近、大阪の心斎橋と東京の渋谷で「民主主義の敵」というフリップを手に持ち、道行く人びとに「民主主義の敵って誰だと思いますか？」とインタビューをする機会を持った。すると「民主主義そのものが、わからない」と答える人が、若い世代を中心に少なくなかった。知人の社会科教諭に聞いてみると、現代社会の教科書にはもちろん「現代の民主政治と政治参加の意義」という項目があり、「民主政治は国民主権の原理により、国民の意思でおこなわれるものである」と記されている。「地方自治は民主主義の学校」という記述もある。直接民主制、間接民主制、議会制民主主義といった言葉は並ぶが、根本の民主主義とは、という記述がないというのだ。

民主主義は、中学校の公民的分野で学ぶことになっている。日本国憲法の基本原理と絡めて扱われているが、学習指導要領（２００９年版）の「目標」の欄には、こう書いてあった。

「個人の尊厳と人権の尊重の意義、特に自由・権利と責任・義務の関係を広い視野から正しく認識させ、民主主義に関する理解を深めるとともに、国民主権を担う公民として必要な基礎的教養を培う」

あっさりしていると感じるが、2017年版の新学習指導要領の同じ「目標」の箇所を読むと、さらに記述が総花的になって薄まっていた。

「個人の尊厳と人権の尊重の意義、特に自由・権利と責任・義務との関係を広い視野から正しく認識し、民主主義、民主政治の意義、国民の生活の向上と経済活動との関わり、現代の社会生活及び国際関係などについて、個人と社会との関わりを中心に理解を深めるとともに、諸資料から現代の社会的事象に関する情報を効果的に調べまとめる技能を身に付けるようにする」

誤解のないよう補足すれば、「目標」の次にある「内容」の欄には、「民主主義などに着目し」「次の事項を身に付けることができるように指導する」とある。「民主政治の仕組みのあらまし」や「議会制民主主義」「民主政治の推進」などが書かれているのだが、中学高校で「民主主義」とは何かを丁寧にじっくり教えているケースはあまり多くないのではないか、と知り合いの教諭たちは心配そうに言う。本当にそうなのだろうか。

私自身も中学高校で民主主義とは何かを授業できちんと学んだ記憶がない。「三権分立」や「国会の仕組み」などは授業で教えられた。けれど、ゴシック体で暗記する言葉の一つとして黒板に書かれ、自分たちが暮らす社会に結びついているようには感じられなかった。

戦後、煌めく言葉であったはずの「民主主義」が、意識の外に追いやられるほど当たり前になり、学校でも深く考える機会がないまま、漠然と捉える人が増えているのだろうか。

民主主義＝デモクラシーの語源は、ふたつの言葉で成り立っている。デモスは民衆を指し、クラトスは権力のことだ。つまり民衆という〈国民〉が〈権力〉〈パワー〉を握っている、その社会の仕組みという意味になる。国家でも企業でも、巨大な権力が一部の人びとの利益だけを優先し暴走しないよう、別の力でブレーキをかけたり、ときにその権力の正体を暴いて取り替える〈力〉こそが国民の知の集積であると思う。それを立憲主義とも言うが、その知的な思考と批判的思考が国家権力をチェックする力だ、と私は解釈している。だから「思考停止」し「学ばない」国民が多くなることを権力者は望んでいるし、そのように仕向けてくれるメディアが存在するとしたら権力者は大歓迎だろう。

『教育と愛国』を視聴したある放送人は、「教科書もメディアのひとつだ」と感想を述べた。ある高校教諭は、「教壇に立つ教師も、生徒に語りかけるメディアなんだと気づいた」と話してくれた。大きな歴史の流れの中で、次の世代に何を語り継ぎ、何について学び合うかを決めることは、主権者である私たちにとって最大の課題であり使命である。そしてそれは学問と表現の自由に根ざしたものでなければならない。学校の教員と記者はとてもよく似た存在なのだと、政治主導の教育改革を取材する中で実感として湧いてきた。

はるかギリシャの時代から、民主主義はときに衆愚政治に行き着く危険があり、その危険をいかに防いだらよいか、先人たちはそれを政治の中心的テーマに据え、知恵を絞ってきた。そして近代、政党がさまざまな利害をすくいあげて調整するという仕組みが作られた。だが、政党政治が崩壊し「独裁」となった果ての「敗戦」が、日本の紛れもない歴史の1ページであった。

戦前には国粋主義とセットになった愛国教育が現に存在した。忠君愛国、殉国美談、挙国一致などの愛国という〝道徳〟の教えが、子どもたちの身近にあったのだ。教育勅語を柱とした戦前の国定教科書は、いっきに軍事色を帯びたのではない。徐々に書き換えられていったのだ。既存の仕組みが破壊され、民主主義がいっきに機能しなくなるときは、いつでも起こりうる。空気のように感じる民主主義が、実は大きな危険をはらんでいることを深く理解できるような、歴史教育や政治教育がいま必要なのではないかとつくづく思う。大阪の地で教育と政治を取材してきたゆえに、なおさらそう痛感する。

## 受け手の側に立って

本書の執筆が終盤に差し掛かり、少々行き詰まったとき、ふと閃いて大阪府内にある私立教育大学に向かった。元大阪府職員の中西正人副学長に会うためだ。いまこの瞬間に会いたいと思う人に会いに行く、それが私の番組制作における取材手法の一つだ。中西さんは教育基本条例案をめぐり、橋下維新と対決した大阪府教育委員会の教育長だ。ぜひ聞いてみたいことがあった。

「大きな政治の力が今後教育に介入してきたとき、どうすればいいでしょうか?」

中西さんは「う〜ん」としばらくの間、沈黙してからゆっくり語り始めた。

「僕の場合であれば、自分の思いと信念を貫くということだった。住民の暮らしに役立つ、住民に近い地方公務員で生きよう、そう思って地方公務員を選んだのが原点だった。言いたいことを言っていく、その原点を大事にしてきたつもりだったし、節を曲げないでなんとかやってこれた。国の統制に首長と一緒になって対峙したり、文科省の支配に対し自治を守ることも過去にあった。地方自治を守ってきたと思う。年月を経て、文科省からも助言を受け、首長と対決する逆の構造になったけれど、信念はつまり住民、教育の受け手の側、子どもたちの側に立つべきということ」

そしてこう続けた。「文科省には二面性がある。これからの文科省と地方とは、対峙する場面も出てくると思う。国家主義的な統制は、地方自治の敵にもなる」

中西さんの口からこぼれでた「地方自治」という言葉。かつて地方自治の自主精神にのっとり、公選制と合議制でスタートした教育委員会制度の原点を思い出す。戦後すぐ文部省は解体の議論に晒された。戦前・戦中の責任を問う声が高まり、内務省と同じく廃止を迫られたが、国家統制を排する仕組みとして教育委員会制度が導入され、文部省が存続した。教育行政を担う都道府県や市町村の教育委員会が仮にもし、文科省の出先機関の役割や政治家の代弁者の役目しか果たさなくなれば、それはもう、教育委員会制度の存在意義を失ったということになる。

中西さんは、意外にもメディアについてはこう振り返った。

「教育基本条例をめぐる政治との対決では、メディアに支えてもらった。与党寄りと言われる産経新聞、読売新聞も含め、全紙が記事にして問題提起してくれた。テレビも同様に取り上げてくれた。それが抵抗する支えになったと思う」

条例成立前後、中西さんへインタビューをした各社の記者たちは、私も含めとても厳しい質問を投げかけていたのに、そのように受けとめていたとは知らなかった。

政治という大きな力が押し寄せてきたとき、教育とメディアが互いに支え合うことができれば、失ってはいけない「自主・自律」を守り抜く砦になる。そう考えれば、教員と記者が似ているのは至極当然だ。「黙って従え」と権力者がその力を剥き出しにし、介入してくる場面に遭遇したら、子どもたちや住民の側に寄り添うのが教育であり、メディアなのだ。だからこそときに政治から標的にされ、矢面に立たされる。世界的な潮流の中、全体主義や排外主義の傾向が強まってきているが、教育とメディアがこの状況に対し果たすべき役割と使命は何なのか、その議論は尽きることがない。

毎日放送の報道は、多様な視点や主張を重視する伝統と関西らしい社風が持ち味だ。報道ドキュメンタリー『映像』シリーズは、そうした職人気質の中で１９８０年から40年近く、毎月1本のペースで番組を生み出し続けてきた。その一つ『映像'17 教育と愛国』は、長年受け継いできた気風を共有するスタッフの力が結実し完成した。地元大阪を起点とし、少数精鋭の仲間たちが、大通りから路地裏までを自転車で疾走するような感覚で駆けめぐり、自分たちの目的地を探す。そのチームは現場から学び、何より自由で、ときに果敢に、放送というゴールを切る。縦横無尽に走り切った先で、ふだん目に見えていないものを見えるようにする、隠されているものを指し示す、ドキュメンタリー番組を介してそうありたいと強く思う。番組を観終わったとき、観る前とは違う世界が身近に感じられ、考えることを始めてくれたらこのうえなく嬉しい。視聴者に対するテレビ報道の職責の一つがそこに存在すると思うからだ。心の奥に残るどの場面をきっかけでもいい、自ら答えを探し求める旅の一歩を踏み出してくれたら制作者冥利に尽きる。私たちが目指すドキュメンタリーは、問いでしかなく、その答えは、視聴者の側にあるのだ。

大仰に聞こえるかもしれないが、憲法で保障される学問の自由、表現の自由を盾にすれば、さまざまな政治介入や圧力にも向き合うことができるのではないか。歴史を振り返れば、自由を手放すことに加担する人びとも存在するし、自由を闘いとる人びとの辛抱強い抵抗が次の時代の幕開けに繋がることもある。「学校の先生が権力に萎縮したら本当に日本は終わりだと思います」と前川喜平さんは語った。が、それより先に「メディアが権力に萎縮したら日本は終わってしまう」と私は考えている。

〝反日〟といった誹謗中傷の言葉が大量に拡散され、大きな権力や特定の政治家だけに迎合する教科書やメディアがまかり通れば、国が個人を見下ろす愛国を振りかざし、自由を狭める助けになる。そんな政治の圧力に沈黙すれば、この国はしだいに単一な価値観に染まってゆくだろう。戦前にも似た不穏な空気をそれぞれが取っ払い、地方自治の中でこそ熟議を重ねて、平和な未来へ導く教育を体現して欲しいと心から願う。横暴な政治の言いなりにはならない、本来の意味の民主主義をさらなる高みへ築いてゆく力が、その地域に根を張る教育とメディアの中にあるのだとドキュメンタリーの現場で私は気づくのだった。

毎日放送報道局ディレクター　斉加尚代

# あとがき

本書は2つの部で構成されている。

第I部は、毎日放送が2017年7月30日に放送したドキュメンタリー番組『映像'17 教育と愛国～教科書でいま何が起きているのか』を書籍化したもので、テレビ番組を活字で伝えるにあたって読者の理解を深めるため、取材に入るまでの過程や放送後の番組をめぐるリアクションなどを加えて構成した。特に反響が大きかったのは、番組の後半、ある歴史教科書を採用した学校に対する政治的圧力の動きを紹介した場面で、この出来事を報道したのはわたしたちの番組が初めてだった。それは「学び舎」の『ともに学ぶ 人間の歴史』という教科書で、採用した灘中学校などの有名私立校に対し抗議や採用中止を要求する大量のハガキが送られてきた事実を取り上げたのだが、放送した直後から新聞各紙がこの問題を次々と記事にした。そのあたりの経過は本書でくわしく触れた(第I部第3章「『学び舎』教科書の採用を中止せよ」)。なお、番組放送時は学校が置かれた状況を考慮して中学校名を伏せたが、新聞では校名を明らかにして報道されたこともあり、今回の書籍化にあたっては学校の了解を得たうえで実名とさせていただいた。

いっぽう第II部は、番組でディレクターを務めた斉加尚代が、報道記者としてこの十数年にわたり教育をテーマに主に大阪で取材を重ねてきた「現場報告」である。その取材範囲は多岐にわたっているが、一貫しているのは教師たちの生の声に接し続けたことである。日々、教室の中で子どもたちと向き合う教師たちは、政治の力が教育に及んできたとき、学校内外でどのような変化に直面するのか。あるいは、教育についてどのような議論が交わされたのか。現場の最前線に立つ教師の声を聞くことが、教育問題を考えるうえでは不可欠であろう。また、大阪の府議会などで交わされる議員と教育委員とのやりとりも盛り込んでいる。それらを読むと、戦後の教育基本法が原則としてきた「教育と政治の間においた距離」をめぐって、いま大きな転換期に立っていることがうかがえる。激しい動きをみせる教育の取材では、報道局内でも多くの議論が交わされ、記者たちのアプローチの仕方もさまざまである。本書後半は1人の記者の視点で積み重ねてきた取材ノートにもとづいた、教育現場の一つの記録として読んでいただければと思う。

本書のベースとなったテレビドキュメンタリー『映像'17 教育と愛国』は、放送批評懇談会が主催する「第55回ギャラクシー賞テレビ部門大賞」をいただいた。講評によると「道徳や歴史の教科書の採用をめぐる舞台裏、教育現場にかかる圧力の実態を、忖度のない正面からの取材で明らかにした」ということだった。番組の制作過程で「忖度」など意識はしなかったが、留意したのは「圧力」の側にいるとされる人たちに取材することだった。その一例が、「学び舎」の教科書を採用した学校に抗議ハガキを送った防府市長(当時)へのインタビューだ。抗議ハガキは、この教科書を「反日極左」とし、「採用を即刻中止するよう」要求していた。ところが市長はわたしたちの質問に、そんな教科書は知らないと答える。そこで差出人として市長の名前が書かれたハガキのコピーを見せると一転、

「ああ、この会社ですか」とハガキを送ったことを認め、さらに教科書は読んだのかとたずねると、

「読んだというか見たという程度でしょうかね」と平然と答えた。このやりとりは重要だ。学校に圧力とも取れるハガキを送った人物が、肝心の教科書を読んでいなかったのである。この場面は本書でも詳細に再現している。

言論空間で特定の人間を貶めようとするバッシングという現象が大きな問題となっているいま、発信者に真正面から取材し問いかける作業が求められている。本書は「教育と政治」の攻防がテーマであるが、組織的な圧力のような現代社会を不気味におおう空気の正体とは何なのか、という観点からも取材に臨んだ。斉加ディレクターはこの視点をさらに掘り下げ、『映像'18 バッシング〜その発信源の背後に何が』(2018年12月16日関西ローカルで放送)を制作した。特定の学者や弁護士を誹謗しバッシングを煽る政治家と、それを取り巻くSNS発信者たちの構図に切り込んでいる。そこには、事実というものがいかにないがしろにされているかが浮かび上がる。

こんにち劇的に変貌してゆくメディアの世界の中で、テレビの未来は必ずしもバラ色ではないという論調も目立つ。テレビはどこへ向かうのか。娯楽の提供はテレビの大きな役割であり、制作者たちは知恵を絞って視聴者獲得にしのぎを削っている。いっぽうでジャーナリズムもテレビが担う不動の使命である、と断言したい。時代とともに報道番組のスタイルは変わってはいるが、問題意識を抱き信念を持って取材している人間が放送業界にはまだまだ存在する。けっして多数派ではないけれど、その一つの流派がドキュメンタリー番組だ。毎日放送は1980年から毎月1回のペースで関西発ド

キュメンタリーの『映像』シリーズを制作し続けている。今年でちょうど40年目を迎えた。その節目にこうして番組が書籍となるのは感慨ぶかい。

最後に、ふだん映像を使って表現しているテレビドキュメンタリーの人間にとって、活字だけで伝えようという今回の創作は、想像以上に難作業だった。わたしたちの力不足を支えて多くの助言をしてくださった岩波書店の田中朋子さんに心より感謝申し上げます。

毎日放送『映像'17 教育と愛国』プロデューサー　澤田隆三

**斉加尚代**

1987年毎日放送入社．報道記者などを経て2015年からドキュメンタリー担当ディレクター．企画・担当した主な番組に，『映像'15 なぜペンをとるのか』(2015年9月)，『映像'17 沖縄 さまよう木霊』(2017年1月，平成29年民間放送連盟賞テレビ報道部門優秀賞ほか)，『映像'18 バッシング』(2018年12月)など．『映像'17 教育と愛国』(2017年7月)は第55回ギャラクシー賞テレビ部門大賞を受賞．また個人として「放送ウーマン賞2018」を受賞．共著に『フェイクと憎悪』(大月書店)，『何が記者を殺すのか』(集英社新書)．初監督の映画『教育と愛国』が2022年5月に劇場公開された．

**澤田隆三**

1985年毎日放送入社．ニュース番組の記者を経て，ドキュメンタリー番組「映像」シリーズのディレクターとして『ふつうのままで』(1999年)で第27回国際エミー賞ドキュメンタリー部門最優秀賞を受賞．プロデューサーとして『なぜペンをとるのか』，『沖縄 さまよう木霊』などを制作．


教育と愛国——誰が教室を窒息させるのか

2019年5月30日　第1刷発行
2022年9月5日　第7刷発行

著　者　斉加《さいか》尚代《ひさよ》

発行者　坂本政謙

発行所　株式会社 岩波書店
〒101-8002 東京都千代田区一ツ橋2-5-5
電話案内 03-5210-4000
https://www.iwanami.co.jp/

印刷・理想社　カバー・半七印刷　製本・松岳社




ISBN 978-4-00-061343-9　　Printed in Japan